L'EAU DIAMANT
UNE CONSCIENCE

DISCOVERY PUBLISHER

©2001, Joël Ducatillon
©2016, Discovery Publisher

Auteur : Joël Ducatillon
Couverture : Sur une illustration de ©Nishad
Responsable d'édition : Adriano Lucca

DISCOVERY PUBLISHER

616 Corporate Way
Valley Cottage, New York, 10989
www.discoverypublisher.com
livres@discoverypublisher.com
facebook.com/DiscoveryPublisher
twitter.com/DiscoveryPB

New York • Tokyo • Paris • Hong Kong

TABLE DES MATIÈRES

L'EAU DIAMANT: UNE CONSCIENCE   1

Historique de la Recherche   3

PREMIÈRE PARTIE   5

Conférence du 11 Août 2001   9

Questions-Réponses   32

Cours sur l'Eau Diamant   56

Questions-Réponses   63

Les Schémas   74

Questions-Réponses   83

DEUXIÈME PARTIE   119

Chapitre I

Dialogue (I)   123

Chapitre II

Dialogue (II)   127

TROISIÈME PARTIE   133

Chapitre I

Le Karma   135

Chapitre II

Les Événements   138

Chapitre III

  La Vérité   140

Chapitre IV

  Le Cheminement   142

Chapitre V

  Le Bien et le Mal   144

Chapitre VI

  L'Attachement   146

Chapitre VII

  L'Élévation de la Fréquence   148

Chapitre VIII

  La Démarche Intérieure   149

Chapitre IX

  L'Alliance   151

L'EAU DIAMANT
UNE CONSCIENCE

• Merci à María Dolores Pastor et à Denise Etcheverry d'avoir contribué à l'élaboration de ce livre.

• Merci à Chantal Roy qui transmet celui-ci sur son site Internet depuis le Québec.

• Je dédie ce livre à ma fille adoptive, Julie Poerava Deman, qui m'a aidé dans cette recherche.

HISTORIQUE DE LA RECHERCHE

Cette recherche introspective a commencé en octobre 1994 suite à trois rêves successifs.

Elle donna lieu à la sortie de l'*eau diamant*, le 27 mars 2000. Cette eau intelligente est depuis distribuée par les utilisateurs dans beaucoup de pays. Bien entendu, elle est gratuite.

Le 9 novembre 2004, je mis en route la *pyramidal memories transmutation* (PMT), suivie un peu plus tard de la *fire axe transmutation.* (FAA). Tout cela grace à des encodeurs en verre de forme cylindrique qu'il m'a été permis de programmer.

De nombreuses personnes désireuses d'aider autrui utilisent encore ces encodeurs malgré l'arrêt de leur vente fin 2009.

Il existe aussi un encodeur appelé : *energie vortex maker* (EVM) qui change l'énergie des lieux.

Un gros changement intervint en 2010 quand je pris la décision de vivre temporairement au Québec. En effet, une âme m'y attendait : ma compagne et ma collaboratrice, Virginie Duchaine, qui était alors psychologue travaillant en cabinet depuis plus de 16 années.

Ce genre de déracinement a été assez perturbant pour moi. C'est à cette période que je me mis à chercher des codes et à les enregistrer sur une plaque de *shungite* qui devint dès lors : *quantum solution personality* (GSP).

Nous sommes venus nous installer en France en 2011. Depuis, nous proposons des rencontres dans lesquelles nous présentons les résultats de plusieurs mois de recherche et aussi de transformations intérieures.

Nous avons connaissance que notre travail n'attire pas que des approbations, mais tel n'est pas notre objectif. Notre but est unique : transmettre notre connaissance.

Sur notre route, de nombreux coeurs s'ouvrent en nous faisant ressentir leur amour chaleureux. Cela est un véritable cadeau. Nous les en remercions infiniment.

PREMIÈRE PARTIE

À l'automne de l'incarnation,
Quand roussissent les acquisitions,
Et que la sève de l'âme
Plonge dans ses racines et clame
Une mort prochaine apparente
Pour ceux qui regardent le ciel,
Lançant une roucoulade de fiel !
Aux dieux inaccessibles et dominants
Du système admis ; Arpentant
La terre sacrée qu'ils ne voient pas,
Allant, se dépêchant vers le trépas.
Inexorablement les feuilles tombent
En cet automne de terre-hécatombe.
De ces êtres déchus et incapables,
Naîtra, de l'humus des indésirables :
Le Christ émergeant en l'homme ;
En des entités de lumière éternelle
Dont les noms furent prévus au ciel.

Conférence du 11 Août 2001

Bonjour, je vais vous parler de l'eau diamant. Quelles sont les personnes ici qui ont déjà l'eau diamant, qui l'utilisent déjà ? Ah, vous êtes nombreux, merci. Dans cette conférence, je vais d'abord expliquer l'historique, comment cette histoire m'est arrivée. Elle n'est d'ailleurs pas finie, parce qu'il y aura d'autres découvertes, d'autres choses qui viendront plus tard, et je vais vous montrer aussi qu'il n'y a pas besoin d'être sorti de la Sorbonne ou d'Oxford pour faire des choses intéressantes dans cette nouvelle conscience.

Mon nom est Joël Ducatillon. Je suis Français. J'ai ici à côté de moi Maria, qui est Espagnole, et qui m'accompagne beaucoup dans ce travail. Elle est un support féminin très coopérant et qui me permet d'avoir un équilibre dans cette recherche.

Il y a une trentaine d'années, mon premier métier était d'être musicien et pianiste professionnel. Je n'étais pas un Chopin, j'étais un pianiste de jazz, de variété, et j'en faisais mon métier. À l'époque déjà, je ne mettais jamais l'accent sur la réussite sociale, ou sur un scénario du genre : maison, retraite, assurances sociales. Cela ne m'a jamais intéressé. La principale question qui m'a toujours harcelé dans ma vie et qui m'a amené vers tout cela, c'est : Qui suis-je et pourquoi suis-je ici ? Suis-je simplement un bifteck qui se balade sur un caillou qui se balade dans le Cosmos ? Voilà les questions un peu vertes que je me posais parfois, qui me harcelaient et me rendaient malheureux.

Plus tard, j'ai pris des cours de naturopathie à Paris, parce que je sentais bien qu'ici, au niveau médical, il y avait des choses incomplètes. Puis je me suis installé en tant que naturopathe, dans le nord de la France, dans la région de Lille. Là, j'ai beaucoup appris avec les personnes qui venaient me voir. J'ai appris peu à peu, sur des milliers et des milliers de consultations, en 7 ans, que la maladie était quelque chose d'extraordinaire comme enseignement et comme cadeau. Suite à ça, ma conscience progressa peu à peu, la maturité venant, et je me suis mis à aller davantage dans l'énergie, le magnétisme, la géobiologie etc., tout en lisant des tas de livres, ceux d'Anne et Daniel Meurois Givaudan, les *Dialogues Avec l'Ange*, et en 1990, un beau jour, il y a une énergie très spéciale qui a commencé à me traverser. Et là, j'ai senti, en ressentant cette énergie, que je retrouvais ma famille, celle qui m'avait abandonné sur Terre.

Suite à cela, j'ai perdu ma famille terrestre, j'ai perdu ma profession, mon logement. Bref, j'ai été complètement dépouillé, et je suis resté dans une sorte de *no man's land* pendant deux ou trois ans. J'ai vécu un peu en Suisse, un peu partout, toujours sans logement, sans argent. Et vous voyez, je suis encore là, vivant. Ça me fait penser à une parole du roi David qui disait : « Je n'ai jamais vu le juste abandonné, ni sa postérité mendier son pain. » (Ps. 37 : 25) Si chacun suivait sa voie, vous pourriez partir en Afrique du Sud avec seulement une brosse à dents, il n'y a pas de problème, vous aurez logement, nourriture et vêtements propres, et même une baignoire pour vous laver.

En 1994, j'ai fait trois rêves qui ont vraiment mis une impulsion sur cette recherche. Je savais que je ne pouvais plus soigner les gens comme je le faisais dans cette conscience d'avant. Ça ne m'intéressait plus d'ailleurs, c'était très lourd pour moi de continuer à le faire, et de toute façon il n'y avait plus de clients. Mais le « nouveau » n'était pas venu. J'ai donc eu une période un peu angoissante, difficile il faut dire, qui m'a profondément purifié au niveau de mes besoins de confort, de sécurité financière, de mes besoins d'avoir une compagne, d'avoir des enfants, de tous ces scénarios dans lesquels on nous a programmés depuis des millénaires — on dira pourquoi tout à l'heure. J'ai donc fait trois rêves, dont je vais vous donner le contenu, et ces trois rêves m'ont permis de démarrer sur ce chemin inconnu qui a conduit à cette eau, et qui plus tard conduira à autre chose déjà en cours.

Dans le premier rêve, en 1994, on me disait : « tu vas faire un appareil, qui s'appellera ADN 850, et cet appareil ouvrira les portes ». Environ quinze jours plus tard, je fais un autre rêve, et on me montre une porte tourniquet, comme dans les entrées de supermarchés. Des personnes faisaient la queue et introduisaient une carte dans un appareil du genre distributeur de billets, la porte tournait, laissait passer une personne, et derrière la porte il y avait un tire-fesses qui les montait au sommet d'une montagne blanche.

L'interprétation de ce rêve, c'est la carte codée (la carte bancaire, c'est une carte codée) qui permettait de débloquer des mémoires cellulaires afin que les personnes soient portées vers la conscience de leur moi supérieur avec beaucoup moins de tracas, de difficultés et d'épreuves.

Dans le troisième rêve, on me montrait une carte de visite, avec un fond argenté, sur laquelle était écrit en or : *Steel, Storm, Staelhe*. Et on me dit : ça, c'est le nom de ta recherche. Alors *Steel*, ça veut dire acier, en anglais. L'acier est composé de fer et de carbone. Or vous savez que notre corps physique, notre ADN, l'atome même de la chair physique, c'est du carbone. Il y a certaines étoiles, certaines planètes, sur lesquelles il y a des races humaines qui sont faites à base de silice. Mais nous, ici, nous sommes à base de carbone, dont le nombre est le 666. Ça vous rappelle quelque chose, n'est-ce-pas ? C'est le nombre de la bête, donc de la bête dans laquelle nous sommes incarnés. Nous sommes des mammifères améliorés, ou des anges un peu diminués...

Storm signifie la tempête (en anglais), donc c'est l'énergie de la spirale, comme l'ADN. Quant à *Staelhe*, j'ai su deux ans plus tard seulement que cela signifiait une énergie stellaire. Ne m'en demandez pas plus, je ne sais pas encore. C'est peut-être en rapport avec la constellation d'Orion, mais je ne peux pas l'affirmer, c'est une hypothèse.

Avec ces trois rêves, qu'est-ce que j'ai fait ? Il ne faut pas croire que je sois un « channel » hyper aiguisé. Il ne faut pas croire non plus que je sois un universitaire hyper doué. J'ai été à l'école jusqu'à 16 ans. Mais dans cette recherche je me suis laissé guider par qui ? Par des personnes comme vous, qui m'ont dit « tiens, lis tel livre », ou « regarde là-bas », « écoute dans l'autobus ce qu'on te dit », et j'ai ainsi eu des messages à travers la bouche de tous, et j'ai en effet réussi à avoir des livres sur la physique quantique, qui parlent de la constance de Planck et de toutes ces choses dont je ne connais que l'abc, mais c'est suffisant, je n'ai pas besoin de faire de l'obésité intellectuelle. J'ai juste pris ce dont j'avais besoin pour faire ce que j'avais à faire, ici et maintenant.

Un ami très cher m'invita à partager son appartement, cela m'a permis de trouver l'espace, le temps et le silence, car c'est une recherche qui ne se fait pas intellec-tuellement. Elle se fait par accouchements successifs. Autrement dit, chaque fois que je devais trouver quelque chose, je devais transformer quelque chose en moi avant de le trouver. Mais avant de trouver ce que j'avais à transformer il me fallait quelquefois deux ou trois mois.

C'était comme si des mémoires devaient êtres transformées afin de devenir trans-parentes et qu'ainsi je puisse accéder à cette connaissance que je connais depuis l'Atlantide, car en Atlantide cette recherche a déjà été faite.

Bien sûr, quand j'ai vécu ce genre d'accouchements, immédiatement il y a quelque chose qui vient d'une manière très soudaine, et à ce moment-là j'ai le fil con-ducteur qui me permet d'aller plus loin dans cette recherche. Je sais aussi qu'elle est guidée, qu'il y a des êtres dans des vaisseaux spaciaux dans l'au-delà, des êtres christiques qui m'aident et me guident. Mais ils n'ont jamais fait le travail à ma place. Autrement dit, on donne un petit indice, et après je travaille. Et je préfère ça d'ailleurs. Je préfère faire ça que d'être un perroquet céleste, un perroquet qui transmet sur terre des choses célestes.

Ces êtres qui travaillent, je ne les connais pas tous. À mon avis, c'est toute une équipe, dont Mère et Shri Aurobindo font partie. Vous êtes ici d'ailleurs aujourd'hui, on va dire adombrés par l'énergie de Mère. Car il ne faut pas oublier que ces êtres, au début du siècle, ont été les premiers à parler du décodage cellulaire, à parler du supramental, de la supraconscience, et de la nouvelle race qui va peupler cette terre dans l'ère nouvelle. Et nous sommes, nous, les embryons, les fœtus de cette nouvelle race. Nous allons passer de l'homme mammifère à l'homme christique. Nous sommes dans cette période d'adolescence difficile à vivre, parce que nous avons un pied dans l'ancien système et un pied dans le nouveau, et c'est très inconfortable. Shri Aurobindo et Mère ont été éduqués tous les deux dans des familles complètement athéistes, ce qui les a empêchés de tomber dans un mysticisme émotionnel, que l'on trouve beaucoup chez les gens qui font un chemin, un style que je ne critique pas d'ailleurs mais qui peut devenir un piège, parce qu'il semblerait que ce soit le nouveau vin mis dans les vieilles outres, c'est à dire les nouvelles connaissances mises dans des vieilles structures de fonctionnement venant de notre passé religieux. Il est juste aussi de traverser cela mais il ne faut pas y rester. Il faut aller beaucoup plus loin, car en ce qui me concerne — et peut-être que l'eau diamant amène les gens à ça — il y a Dieu partout, dans tous les atomes, dans tous les électrons, dans toute la matière qui existe, nous sommes nous-mêmes une partie de Dieu, et Dieu est une partie de nous.

Donc cette histoire de séparation amène à expérimenter un mysticisme émotionnel en compensation du mal-être vécu sur terre. C'est intéressant à vivre, mais il ne faut pas y rester. Il faut aller plus loin, pour transformer la chair elle-même, les os et la mœlle en lumière, dans cette nouvelle conscience. Il y en a qui ne sont pas d'accord avec moi, mais c'est ce que je vis, je ne dis pas que j'ai raison. Donc vous l'acceptez ou pas, vous le prenez ou pas, tout est juste.

Suite à cette recherche, en 1996 est né un premier appareil, qui était un cylindre en plexiglas, dans lequel il y avait une spirale d'énergie. Je l'appelais la machine à laver. On le mettait dans une pièce où il y avait plein d'enfants qui hurlaient, et il suffisait de demander à haute voix: «j'ai l'intention que cette pièce devienne plus pacifique, plus sereine» et en dix secondes c'était fini. Les chiens allaient se coucher, les enfants arrêtaient de pleurer, et on sentait que l'énergie crépitait, qu'elle descendait le long du corps.

C'est seulement un an ou un an et demi plus tard qu'est né un petit appareil en verre, que je vous montre ici, un petit tube en verre tout simple, tout à fait banal, que l'on fait faire chez un souffleur de verre. Cet appareil est un genre d'ADN artificiel de lumière. Les clairvoyants y voient des spirales de lumière, et il y a des géométries qui viennent s'imprimer dedans, comme dans l'ADN. Bien sûr, pour qu'il soit imprimé, j'ai dû faire tout un travail au niveau du changement de l'air qu'il y a dedans, ainsi qu'un travail sur la géométrie, les mathématiques. Il y a environ 900 codes dans chaque appareil, ce qui implique un grand travail d'encodage.

Quand cet appareil est né, j'ai compris alors le rêve avec les cartes codées. J'eus alors l'idée de jouer avec les nombres et d'y trouver des réponses. Les nombres sont les rythmes de l'espace/temps. Bien sûr, l'espace/temps est une illusion, les nombres aussi. Mais ils sont encore nécessaires pour nous, maintenant. Donc vous pouvez voir dans les cubes, les dodécaèdres, les triangles, les tétraèdres, les icosaèdres, des images rythmiques de l'espace/temps, qui se manifestent dans la dimension dans laquelle nous vivons, et vous pouvez voir aussi que ces nombres ne sont pas là par hasard. En plus, derrière le nombre, il y a le son.

Comme je suis musicien, ça tombait bien. Comme l'énergie passait en moi depuis 10 ou 11 ans, ça tombait bien aussi. Je trouvais des suites de nombres que je transposais en une musique, que je jouais au synthétiseur, dans un état bien centré. En conséquence des énergies stellaires et d'autres énergies que je ne connaissais pas s'enregistraient dans le verre. Mais pour cela, il avait d'abord fallu que je mette le tube dans un circuit oscillant.

Connaissez-vous les circuits oscillants de Lakowski? Lakowski avait fait des expériences avec des cercles de cuivre, d'acier etc. que l'on pouvait mettre autour des plantes et il s'apercevait qu'elles guérissaient des maladies, qu'elles étaient fortifiées. Le laboratoire de Genève, le CERN (Centre Européen de Recherche Nucléaire) utilise un accélérateur de particules qui est, comme par hasard, un câble en acier, qui fait 27 km de circonférence. Le 27, c'est 3 x 3 x 3. C'est le nombre du saut quantique.

Je vais essayer d'être simple. Qu'est-ce qu'un saut quantique? Quand vous montez un escalier et que d'un seul coup il n'y a plus de mur, plus d'escalier, pas d'ascenseur pour rejoindre l'étage supérieur, et qu'une fois en haut de cet escalier, soudainement, vous vous retrouvez à la première marche dc l'étage suivant, alors vous avez fait un saut quantique de conscience, un saut quantique également dans la matière.

Après avoir fait ce cercle oscillant, qui est de 27 cm de circonférence, il suffit de prononcer verbalement un mantra devant ce cercle en suspension, avec le tube en verre au centre du même cercle et une fois que ce mantra a été fait, je constate qu'un fil de lumière sort du cercle extérieur, se dirige vers le centre du tube et retourne vers l'extérieur, peut-être quelques dizaines ou centaines de fois par seconde, et cela crée un genre de «break» au niveau de l'air qui est dans le tube. Il y a 40% de l'air du tube qui se transforme alors en krypton. Le krypton est un gaz lourd, que l'on retrouve même dans des ampoules lumineuses comme le néon, l'argon ou le fréon, et c'est un gaz qui tient les sons en mémoire.

Bien sûr, plus tard, il y aura certainement des physiciens qui feront des expériences là-dessus par résonance magnétique etc. Mon rôle n'est pas de prouver ce que je fais, mais de transmettre. Je n'ai aucune base scientifique, aucune preuve de ce que je vous dis, et je n'ai pas besoin d'avoir raison, donc personne ne pourra dire que j'ai tort!

Une fois que ces tubes ont été faits, je ne savais même pas que ce serait pour faire de l'eau, mais j'ai eu malgré tout des messages et des signes. On me disait, « ce sera peut-être de l'eau...», et au mois d'octobre 99 est née la première «eau diamant». Il y avait au moins déjà 700 codes dans mes tubes, mais à l'époque elle n'était pas multipliable : il fallait mettre des gouttes dans un peu d'eau, émettre une intention, la boire. Ça marchait déjà pas mal.

J'ai alors été invité, au mois de novembre, à Paris, pour expliquer cette recherche, devant un groupe de gens qui étaient tous des Juifs qui étudiaient la Kabbale. Je me suis demandé pourquoi j'étais invité là, pourquoi la vie m'amenait à cet endroit, et j'ai compris que je devais mettre les codes de la langue hébraïque. J'ai compris cela quinze jours après, une fois revenu chez moi. J'ai acheté un livre sur les lettres hébraïques, le *Royaume de la splendeur* de Marie Elia. Après lecture, j'ai commencé à faire des calculs sur ces lettres. Il en est advenu qu'il y a eu 144 codes, 12 fois 12, qui ont été ajoutés dans mes appareils. On met alors un appareil dans un verre d'eau, on attend 12 heures, et on a ensuite un verre d'eau diamant que l'on peut multiplier et partager avec tout le monde.

Voilà, en gros, l'historique de l'eau diamant. Tout à l'heure je vous laisserai poser des questions, car c'est sûr que lorsque je parle comme cela, j'oublie plein de choses, et c'est vous qui allez me les remémorer. C'est seulement au mois d'avril 2000, donc, que cette eau est devenue multipliable, grâce à ces codes hébraïques. Je sens maintenant de vous dire pourquoi ces codes hébraïques. En Atlantide, il y a trente ou quarante mille ans, nous avons tous subi un bricolage d'ADN. Vous avez peut-être entendu dire, maintenant c'est connu, que dans le temps nous avions 12 brins d'ADN — certains disent 36. Or maintenant nous n'en avons plus que 2. Il semblerait que le fait de n'avoir plus que 2 brins d'ADN nous fait plonger dans un système de conscience du bien et du mal. Et c'est très facile, pour ceux qui veulent jouer un peu avec nous, de nous manipuler à travers les rênes du bien et du mal, comme on dirige un carrosse à chevaux.

Il semblerait que beaucoup parmi nous, et moi en tous cas, aient innocemment, naïvement, involontairement ou volontairement contribué à ce bricolage, parce qu'à l'époque, même si on avait une technologie avancée, à base de cristaux, à base d'échanges inter-spaciaux, interculturels etc., nous étions bien naïfs : «tout le monde il était beau et gentil !» Et ce n'est pas par hasard que je sois maintenant guidé dans cette recherche, parce que j'ai, d'une certaine façon, contribué à cela.

Donc il semblerait que dans cette vie-ci, et depuis pas mal de vies, je me sois préparé à faire des systèmes, des moyens pour que les êtres humains que nous sommes, en tout cas l'être humain que nous sommes tous ici, puisse avoir un terrain génétique favorable aux événements qui vont arriver d'ici 2012, et qui ont déjà commencé. Pourquoi ? Parce que pour devenir Christ, c'est la chair qui devient Christ, c'est vraiment toute la chair qui se transforme jusqu'aux orteils. Si la génétique n'est pas prête, la chair brûle. C'est clair pour moi, c'est ma vision de la réalité, je ne dis pas que ce soit vrai.

Il m'a été dit dans un rêve, que tous ceux qui s'étaient égarés dans *le désert du Néguev*, je dois les ramener, c'est le rôle que j'ai à jouer en tant que transmetteur. Le désert du Néguev se trouve dans le sud d'Israël. C'est là qu'a été enterré Abraham. Le désert du Néguev, représente les êtres en rapport avec IS RA EL, dont le nom vient d'ISIS, rescapé d'Atlantide, RA, rescapé d'Atlantide, et ELOHIM. Il s'agit donc de ramener tous ceux qui, à cause du virus informatique implanté dans leur ADN, ont eu leur sexualité féminine complètement bloquée au stade de la conscience mammifère, au niveau du système reptilien.

Le gros problème qui a fait que nous sommes restés un peu primates — je dis un peu pour être gentil — c'est que la sexualité féminine, aussi bien chez les hommes que chez les femmes a été implantée, c'est-à-dire qu'un genre de virus a été mis dedans, parce que tous les colonisateurs qui veulent faire de la Terre une bonne terre d'esclavage savent très bien que le jour où notre sexualité féminine sera réalisée, nous serons capables d'aller dans l'antimatière, de nous téléporter, de matérialiser le pain que nous mangeons ; que nous n'aurons plus d'attirances, ni d'attractions, donc plus de répulsions, plus de souffrances, plus de malheurs, et que nous serons puissants.

Ceux qui se sont égarés dans le désert du Néguev, c'est nous tous. Et c'est à cause de cette énergie reptilienne que l'on prétend devenir propriétaire d'un être humain parce qu'il apparaît être notre fils, notre femme ou notre mari, ou notre parent, notre frère, notre sœur. Or plus il y a de « m », mon, ma, mes, plus on est loin de la vérité, parce qu'en fait, sur terre, il n'y a qu'un seul être, un seul Humain avec plus de 6 milliards de cellules, et peut-être le double ou le triple qui sont non-incarnées, qui constituent les corps énergétiques de cette humanité, où vivent les morts, qui ne sont pas morts du tout.

Je crois que cette recherche a été faite pour ouvrir la conscience à ce niveau-là. Les premières personnes à avoir reçu l'eau diamant, étaient ceux qui assistaient à la conférence de Plazac en Dordogne, là où Anne et Daniel Meurois Givaudan ont tellement contribué à ouvrir des consciences. À ce moment-là, je la vendais encore, je vendais de petits flacons, et ensuite les gens la multipliaient. Grâce à cet argent j'ai pu aller au Canada, au Québec, et la propager, et à partir du 1er juin elle est devenue complètement gratuite.

On peut dire maintenant qu'il y a environ 60 pays où de petits groupes l'utilisent, ou des individus isolés. Il y en a jusqu'à Tahiti, la Nouvelle Zélande, l'Australie, les Etats-Unis ; un hôpital à Mexico l'utilise pour les malades ; il y en a en Turquie, en Pologne pas mal, en Roumanie, en Hongrie, en Bulgarie, en Russie, au Japon, en Chine, en Afrique, à Abidjan, au Cap Vert, en Inde, en Amazonie... Voyez, elle s'est répandue sans que je fasse quoi que ce soit. Je reste là, assis dans ma chambre à continuer mes recherches, et les gens se la passent, se la donnent, et se la partagent. D'ailleurs, ceux qui n'en ont pas pourront venir en prendre ici, et je vous conseille de la partager avec d'autres. Quelquefois des personnes disent : « Oui, mais je préfère l'avoir de vous directement plutôt que de mon voisin ou de mon ami, parce que je sais qu'il n'est pas toujours bien et il peut y avoir de mauvaises énergies dedans. » Alors là, je vous garantis que ce n'est pas possible, car cette eau est au niveau de la cinquième dimension. On va en parler.

Ce n'est pas une eau qui va vous guérir, une eau qui va vous soulager, une eau qui va combler des besoins égoïstes de confort, de bonne santé ou de bonheur. C'est une eau qui agit comme un miroir, elle est votre miroir. S'il y a beaucoup d'amour dans votre cœur — et dans tous vos cœurs il y en a — mais il est caché, voilé par des écrans, et que vous n'exprimez pas, même dans ce cas l'eau ne vous fera rien, aucun effet. Lorsque ceux qui sont des férus de la radiesthésie voudront mesurer l'eau avec l'antenne de Lécher, les mesures donneront : 0. Ils ne trouveront rien du tout. En fait, ce qu'ils auront trouvé dans l'eau, c'est eux. Parce que lorsqu'on est dans la troisième dimension, il y a le bien et le mal, il y a deux objets qui se regardent face à face. On dit 1 et 1 = 2. Dans la quatrième dimension, quand il y a 2 objets, ces 2 objets ont une relation ensemble, que ceux qui ont assez de lucidité voient. Donc 1 et 1 = 3. Mais dans les autres dimensions, que je ne connais pas trop, ça va plus loin : les 2 objets ont une relation d'intérieur à intérieur, d'extérieur à extérieur, chacun avec le plan où il est, avec l'extérieur, avec le profond, avec le haut. Donc 1 et 1 = l'infini. Là, les mathématiques ne veulent plus rien dire.

Je vous dis cela parce dans la cinquième dimension, le bien et le mal sont un peu comme le fil « plus » et le fil « moins » d'une ampoule électrique, qui se retrouvent piégés dans une ampoule où il n'y a plus d'air, donc plus de programmation mentale, et la lumière passe entre eux deux automatiquement, sans qu'ils se touchent. S'ils se touchent, il y a un court-circuit au compteur : c'est la guerre au Kosovo ;

c'est Jérusalem et les Arabes. Pourquoi ? Parce qu'ils se touchent : *ils ne laissent pas Dieu entre eux deux*. Ils remplissent cet espace de leurs souvenirs du passé karmique, et leurs réactions émotionnelles sont chargées de tout cela. Cela donne donc une continuité au lieu de produire une *contiguïté*, et à cause de cela, ça disjoncte, c'est ça la guerre. C'est cela aussi la maladie dans notre corps. Mais dès qu'on laisse faire la vie qui anime les fleurs, les souris, les microbes, les moustiques, les abeilles, les petits chats et les bébés, automatiquement la lumière vient, et ça c'est la cinquième dimension. À ce moment-là, le plus et le moins deviennent les moteurs et les aliments de cette lumière.

Savez-vous pourquoi il y a tant de problèmes dans ce monde, depuis des milliers d'années ? C'est parce qu'on cherche à bien faire. Voilà : *plus on voudra bien faire, plus on attirera du mal*. Si on veut faire dix kilos de bien, on attirera dix kilos de mal. Si on veut en faire 20 kilos, parce qu'on trouve que c'est encore trop mal, on obtiendra dix kilos de mal supplémentaires. Et ce sera l'escalade jusqu'à ce que tout s'écroule. Maintenant on arrive à l'écroulement de ce système. Il a encore 10 ou 12 ans pour crouler, on y est en plein dedans. On est dans l'Apocalypse, dans la Révélation : tout est en train de se révéler.

Je vais vous donner quelques exemples. Il y a eu deux ou trois cas comme celui-ci, d'une personne qui a des mémoires d'autres vies où elle a pratiqué la magie noire, des choses d'énergie sombre. Je ne dis pas que c'est mal : elle devait passer par là. Et cette personne n'arrive pas à boire l'eau diamant. Dès qu'elle met le verre à sa bouche, soit elle a envie de vomir, soit le verre se casse, ou elle devient malade. Il est très possible que si elle accepte qu'elle ait cette sombre mémoire en elle, alors elle pourra ensuite la boire. Mais tant qu'elle n'aura pas accepté, ça ne marchera pas.

Il est arrivé aussi qu'une personne a reçu un jour la visite d'une entité sombre et terrifiante. Et le lendemain, quand elle est allée chercher sa bouteille d'eau diamant pour en boire, elle sentait la vase. Cette personne a fait ensuite un travail d'acceptation ; elle prit conscience que si elle avait attiré un être d'une telle qualité, c'est qu'elle y était aussi pour quelque chose. Dès qu'elle a fait ce travail d'acceptation, l'eau a commencé à sentir la rose ; il y a eu un changement complet.

Une autre expérience a été faite avec un sidéen, à Turin, en Italie, il y a 3 ou 4 mois. Une dame me dit : « À la terrasse d'un café, j'ai rencontré une transsexuelle. J'ai parlé avec cette personne, et elle m'a dit qu'elle avait le sida, qu'elle était condamnée. Je lui ai dit : si tu veux, à la maison j'ai de l'eau qui pourrait t'aider. Je vais t'en préparer, j'attends ton coup de fil et tu viendras la chercher. » Elles ont échangé leurs numéros de téléphone, et cette dame a attendu 2 jours, une semaine, 3 semaines, pas de nouvelles. Elle a essayé de joindre cette transsexuelle, ça ne répondait plus, personne ne répondait, et elle s'est dit que quelque chose se passait. J'ai rencontré cette dame à Turin, deux mois après cet événement, et elle avait toujours sa bouteille dans sa cuisine en se disant, le jour où elle viendra, je la lui donnerai. Et elle m'a demandé : « Comment se fait-il que dans le fond de ma bouteille il y a une couche de plâtre d'un centimètre d'épaisseur ? » Voyez, ce genre de chose, au début je n'ai pas compris. En fait, il semblerait que le fait que cette transsexuelle atteinte du sida ait accepté de boire cette eau a dû certainement accélérer son départ. Mais vous savez que lorsque quelqu'un décède de ce genre de maladie, de l'autre côté il n'est toujours pas guéri. Son aura est « pourrie », « trouée », et automatiquement cette bouteille fait un travail de guérison sur cet être qui est dans l'au-delà.

Sachez que s'il y a des personnes qui vous disent, « cette eau est négative », laissez-les dire, c'est leur vérité. Mais vous pouvez leur dire également que si elles reconnaissent en elles la négativité que cette eau leur montre, comme un maître, comme un miroir, à ce moment-là tout va changer. J'ai vu quelques radiesthésistes et des gens qui mesuraient à l'antenne de Lécher, qui sont très étonnés que chaque fois qu'ils la mesurent, ce n'est jamais pareil. Et je dis, « c'est normal, parce que vous bougez, elle vous montre ça. » Un jour, un homme d'une grande valeur, d'une grande érudition, je n'en doute pas, m'a demandé s'il pouvait mesurer l'eau. Il y avait là des bouteilles d'eau diamant et d'eau diamant végétale. Cette dernière est faite pour les plantes, les légumes, les arbres. Cette eau végétale est la même que l'autre, à part que j'ai rajouté, avec cet appareil-ci qui est peu plus grand, 48 codes pour les racines, les feuilles, les fleurs, les graines, comme il m'a été demandé de le faire.

Je lui ai dit, « oui monsieur, mais attention, car c'est vous que vous allez mesurer. » Il m'a regardé d'un air de dire, « qu'est-ce qu'il me dit là, ce petit jeune ? » C'est un monsieur qui a presque 80 ans je crois, et j'ai dit : ok. Il a mesuré l'eau végétale, et il me dit : « Oh la la, c'est incroyable, mon antenne n'est pas assez haute tellement c'est fort ». Ensuite il a mesuré l'autre et il dit : « celle-ci, pour moi, c'est de la flotte, c'est aussi mauvais que l'eau du robinet. »

Vous voyez donc ce genre de paradoxe. Je lui ai dit avec beaucoup de diplomatie que c'était parce qu'il n'avait pas besoin de cette eau-là, et qu'elle le lui avait montré. Que lui a montré cette eau ? Elle a montré à ce monsieur, et ceci est dit sans aucun jugement, que toute la démarche qu'il avait faite pour promouvoir la santé naturelle — ce qui était merveilleux et nécessaire, surtout à l'époque où il a commencé, dans les années 40/50 — n'avait pas vraiment activé son évolution intérieure. Vous voyez ? L'eau lui a montré cela. Je ne sais pas maintenant ce qu'il en est. À mon avis il ne doit pas la prendre, mais c'est aussi sa vérité.

Quelquefois, vous verrez, des personnes très âgées ne voudront pas la prendre, parce qu'intuitivement, même si elles sont ouvertes à une recherche de qui elles sont et vers quoi elles vont, l'eau a jugé bon que ce n'était pas la peine qu'elles transforment leur chair, parce que de toute façon elles vont décéder et se réincarner sur la « nouvelle terre ». Tandis que pour beaucoup d'entre nous, il nous est promis, en tout cas si on atteint le niveau vibratoire suffisant, de ne pas décéder et d'être retiré de la terre pendant les événements pour y revenir transformé. L'apôtre Paul en parle, beaucoup en ont parlé, et je crois que l'eau diamant est un moyen pour cette transformation.

Cette eau diamant est d'ailleurs maintenant distribuée dans beaucoup de pays ; elle a été mise dans beaucoup de mers, de lacs et de rivières, et je vous garantis que quand vous allez dans un lac où l'eau diamant a été mise, celui qui a un peu de « feeling » pose la question, et il sent tout de suite l'énergie descendre : cette eau est là. Par exemple, si vous mettez dans de l'eau diamant des fleurs achetées dans le commerce, qui ont poussé avec des produits chimiques, comme cela se fait beaucoup maintenant, elles ne vont pas tenir longtemps, parce qu'elles ne sont pas vivantes. Par contre, si vous y mettez une fleur de votre jardin, qui a été soignée naturellement et avec amour, elle va tenir beaucoup plus longtemps. Vous pouvez même mettre des branches de framboisier, elles vont bourgeonner, fleurir et faire des framboises dans votre vase, dans votre maison.

Voyez, la Vie c'est quelque chose qui détruit et transforme tout ce qui n'est pas vivant, en tout cas la forme de ce qui n'est pas vivant. Là, il faut bien le comprendre ; il ne faut pas se fier aux apparences. Par exemple, si un enfant boit de l'eau diamant et fait une bonne angine 15 jours après, les gens vont dire : « c'est depuis qu'il prend l'eau diamant qu'il a des rhumes, des boutons etc. » Mais c'est formidable, il est en train de se nettoyer, de se transformer, parce que la vitalité des glandes et du système nerveux augmente. Il y a des personnes qui disent : « depuis qu'il prend l'eau diamant, il n'a plus envie de faire ce métier-là, il a envie de changer, comment cela se fait-il ? » C'est parce que son âme a beaucoup plus d'impact sur son robotisme cellulaire qui le poussait à robotiser à cause des peurs, à cause d'un manque d'argent, à cause du regard des autres.

Il est suggéré que cette eau soit bue par tout le monde, mais surtout par les jeunes, en particulier les jeunes femmes susceptibles d'être enceintes, parce qu'à la naissance, quand la maman a bu l'eau diamant, le bébé sort du vagin comme s'il sortait du cinéma. Autrement dit, le cœur ne s'emballe pas, le bébé ne s'affole pas et il est heureux de sortir ; il n'a plus cette grosse panique de rentrer dans un corps physique et d'être complètement contorsionné. Pourquoi est-ce ainsi ? Parce que l'ADN est déjà changé.

L'ADN, c'est quoi ? C'est, actuellement, deux filaments, qui une fois dépliés font 2 m de haut. Sur un filament, il y a 10% seulement, donc 20 cm, qui encodent 4 bases : A C G T (Adénine, Cytosine, Guanine, Thymine). Ces 4 bases se mettent dans des ordres différents, qui peuvent faire des mots de 20, 50, 100, 400 lettres. Ces mots sont des messages. Ces mots sont rayonnés vers un tout petit ADN miroir (ARN) qui, lui, est mobile, et qui réceptionne le message. Il envoie ça dans une cellule usine—appelée un ribosome—et ce ribosome va fabriquer avec ce message un gène.

Qu'est-ce qu'un gène ? C'est une puce. Donc, dans notre corps, nos cellules sont des disquettes, et notre corps physique, psycho-émotionnel, est un ordinateur de six mille milliards de cellules—je ne sais pas comment ils ont fait pour compter, mais c'est ce qu'ils disent—où il y a des millions et des millions de disquettes de programmation, qui vont donner des ordres aux cellules du cerveau, du cœur, du foie etc. Vous rendez-vous compte de la complexité, et en même temps de la simplicité ? Cela a un côté merveilleux. Nicolas Tesla disait déjà : « Nous sommes des ordinateurs, des machines à énergie libre, et les âmes s'incarnent à travers ces machines faites par la Terre mère pour expanser le corps de Dieu à travers l'inconnu. » Pourquoi ai-je dit ça ? Parce que les 90% du filament d'ADN qui n'encodent rien, jusqu'ici les scientifiques disaient que c'était du « junk DNA », c'est-à-dire un ADN sans valeur. Autrement dit, le Créateur aurait fait des fantaisies, il nous aurait mis des milliards de ficelles en plus qui ne servent à rien. En fait, pourquoi nous ont-ils dit ça ? Parce que le pot aux roses, c'est ici qu'il est. C'est dans cette partie in-tronique, donc qui n'encode rien, que se trouvent les géométries fractales qui vont changer la façon dont les banques de données vont se faire dans la partie encodante.

Ces géométries fractales, elles ont quand même été reconnues par les scientifiques, et quelquefois des articles ont paru dans des revues vendues en librairie. Ces géométries, c'est par elles que l'âme, à l'intérieur, peut transmettre, dans la génétique, son fardeau karmique, ses mémoires, qui vont s'imprimer dans les cellules. C'est avec cela que les guides, le Moi supérieur, éventuellement des anges aussi, peu importe leur espèce ou leur niveau de conscience, communiquent avec les corps vibratoires et transmettent les messages à travers un langage géométrique.

Ce que je crois, c'est que les entités qui ne sont pas de notre monde matériel densifié, et sont donc dans l'anti-matière pourrait-on dire, ne correspondent pas avec un langage fait de mots avec des virgules, de participes passés et d'adverbes, mais avec un langage géométrique. C'est-à-dire que l'on met toute une connaissance dans une forme géométrique, on la puise vers l'autre, et à la vitesse de la lumière l'autre reçoit la connaissance qui va s'adapter à sa propre conscience. Dans ce cas-là il n'y a pas de risque de répétition de la connaissance de l'autre, vous comprenez ? Donc il n'y a pas de risque de relation d'enseignant/disciple. L'autre intègre avec sa conscience sa propre connaissance à lui, et non pas celle de l'autre. Autrement dit, il n'est pas le chien qui va manger les miettes qu'on lui jette. On a vécu cela et on en a beaucoup profité.

En venant dans cette région de Revel (Haute-Garonne, France), j'ai fait un travail sur moi, Maria aussi, parce qu'on s'est rendu compte qu'il y avait dans cette région des mémoires anciennes, que j'ai en moi aussi, de sectarisme entre les enseignements catholique et protestant. D'ailleurs, ça m'a causé pas mal de douleurs, l'après-midi où je suis arrivé là-bas. Et ici, à Montesquieu-Volvestre, je sens dans la terre des mémoires où il y a une grande austérité, rigide, ascétique, mais qui donne, à l'opposé, la possibilité de débauche jouissive, sexuelle, alimentaire, etc. On sent cela très nettement dans cette terre. Vous qui habitez cette région, en prenant l'eau diamant et en transformant, même sans le savoir, ces mémoires encore présentes, vous entrez en résonance avec ce que l'on appelle les champs morpho-génétiques, autrement dit avec le treillis qui entre en résonance avec tous les autres humains, qui, eux, ne font pas le même chemin, qui sont le boulanger, le paysan du coin, le facteur, les enfants, les grands-parents, et automatiquement vous aidez à la transformation de cette mémoire terrestre.

Voyez, derrière l'eau diamant il y a tout cela, et même encore autre chose. Depuis cette année, en 2001, l'eau diamant a reçu de nouveaux codes. Sachez que lorsque je mets de nouveaux codes, même si vous avez l'eau depuis un an chez vous, les nouveaux codes se transmettent à elle, chez vous. Il n'y a pas besoin de revenir chercher de l'eau chez moi, il n'y a pas de problème. Souvent d'ailleurs, certaines personnes sensibles me téléphonent pour me dire : « Tu sais, Joël, elle a changé de goût, elle a un goût de cuivre — ou un goût plus doux, ou un goût plus frais — qu'est-ce que tu as fait ? » Alors je leur dis que j'ai mis 10 ou 15 nouveaux codes, hier. Et le lendemain les gens le sentent, parce que dans cette dimension-là, il n'y a pas besoin de changer d'eau, les nouveaux codes se rajoutent automatiquement, aussi bien dans les encodeurs que dans l'eau. Donc ça se fait aussi dans les eaux qui auront été versées dans des lacs ou des rivières, et qui continuent de se multiplier à l'infini. Il y a un exemple que vous pourrez voir sur le site Internet, pour ceux qui veulent le regarder ou peuvent le voir, d'un monsieur qui a mis 1,5 litre d'eau diamant dans une cuve de 400 000 litres d'eau, dans une centrale nucléaire. Cette eau est polluée d'argent 110, de cobalt 60, césium, cadmium etc., tous les métaux lourds qui sont extrêmement dangereux. Il a brassé l'eau après avoir mis l'eau diamant, et 7 jours plus tard il a fait une analyse spectrométrique. Je crois que ça consiste à envoyer des ondes dans l'eau, et selon la réponse que l'on a sur le graphique, on peut voir quels métaux et quels polluants sont présents dans cette eau. Il a été étonné parce qu'en 7 jours il y avait 10% des métaux lourds qui avaient complètement disparu. Et je suis sûr que si on refaisait une analyse un mois ou deux plus tard, à moins que l'on rajoute tout le temps cette eau polluée dans la cuve, il n'y aurait plus rien du tout, l'eau serait pure.

Il y a donc quand même un phénomène de dépollution. Au départ, l'eau diamant n'était pas prévue pour ça, mais je crois que lorsqu'on élève le taux vibratoire d'une eau, mais aussi de vos eaux intérieures, votre sang, votre lymphe, vos liquides extra-cellulaires, vos liquides intra-cellulaires, automatiquement on diminue les dégâts que peuvent provoquer les polluants alimentaires, les polluants médicamenteux, gazeux etc. Voilà un des effets de l'eau.

Il y a des gens qui me demandent parfois : pouvez-vous prouver que cette eau fait de l'effet, scientifiquement ? C'est le genre de question à laquelle, en général, je ne réponds pas. Je dis aux personnes : « Faites-la tester aux animaux, eux ils ne mentent pas. » Quand vous avez des chevaux qui ont des seaux d'eau dont certains contiennent de l'eau diamant, ils se bousculent pour aller en boire. Avec les chiens et les chats, c'est pareil. Quand ils ont bu cette eau, ils ne veulent plus aller boire dehors dans les flaques d'eau ou dans les pots de fleurs. Avec les petits poissons dans les aquariums, c'est la même chose, ainsi qu'avec les oiseaux. C'est pour moi une preuve que cette eau a quelque chose de différent. Pour moi, c'est une eau qui est pleine d'amour, pleine d'intelligence, et qui répond aux besoins de l'utilisateur, comme cela m'a été dit dans un rêve.

On va parler un peu des intentions. Mais auparavant, je voudrais vous dire quelque chose. Depuis le mois de janvier, il a été mis dans l'eau diamant des codes un peu plus en rapport avec le physique. Autrement dit, des codes de vitamines, d'hormones, de minéraux, notamment 36 métaux de la Table de Mendéléïev. Vous connaissez les plus courants comme le calcium, le potassium, le fluor, le magnésium, le sélénium, le cadmium etc. Si on fait une analyse chimique de cette eau, qu'elle soit faite avec de l'eau de Vittel, du Mont Roucous, de l'eau du robinet ou de l'eau de pluie, vous ne trouverez pas ces métaux, sauf ceux qui sont déjà dans l'eau et que l'on retrouve sur l'étiquette de la bouteille d'eau minérale, mais ils existent sous forme de codes, comme une eau informatique. Ce qui fait que si votre corps manque de fer, par exemple, il va piocher dans l'ordinateur de l'eau et il va fabriquer son atome de fer avec le code qui est là. Donc vous allez avoir là un atome de fer, ou de calcium, ou une vitamine B12 ou B1 qui est la vôtre, que vous avez créée vous-même à votre niveau de conscience.

On a eu des exemples de gens qui souffraient d'anémie, ou de décalcification, et qui maintenant ne prennent plus aucun médicament ou complément alimentaire. Après avoir bu l'eau pendant deux ou trois mois, leurs analyses sont impeccables. Alors là aussi, attention. Ces personnes sont des personnes qui ont eu un partenariat d'amour avec l'eau. Dans la cinquième dimension, on ne prend pas quelque chose pour se guérir. Ça, c'est la troisième dimension. Dans la cinquième dimension, on devient cette chose, on l'aime, on est en partenariat avec elle. Si vous êtes dans la nature par exemple, et que vous vous coupez gravement, ou que vous êtes mordu par un serpent, si vous appelez les élémentaux de la nature, les petits anges de la nature, les elfes, que vous les aimez, et que votre aura n'est pas trop «puante», à cause des schémas de jalousie, de profit, d'escroquerie, que l'on a parfois même inconsciemment, à ce moment-là, vous pouvez être sûr que dans les dix minutes qui suivront votre plaie sera complètement guérie. J'ai fait cette expérience plusieurs fois, même sur d'autres personnes, en appelant les éléments de la nature. C'est dans ce sens-là que vous devez envisager l'eau.

Maintenant, ne tombez pas s'il vous plaît dans un excès de sacré, car c'est encore faire une différence entre cette eau et tout ce qui existe, et cela n'est pas juste, ce n'est plus de l'amour. Même une autre eau est sacrée aussi. Disons que l'eau diamant est un peu plus vivante ; elle n'est pas une panacée, ni une trouvaille miraculeuse. Elle est faite pour accroître votre discernement concernant l'itinéraire prévu au long de votre incarnation. C'est fait pour vous amener à être plus vite guidés dans vos relations, dans vos choix de profession parfois, vos choix de logement, ou dans les décisions à prendre au niveau de votre situation, intérieure et extérieure, selon l'endroit où vous êtes arrivés sur votre feuille de route — si vous avez 15 ans, 40 ans ou 70 ans bien entendu — et selon ce qui a été accompli ou n'a pas été accompli. Mais sachez une chose, c'est que cette eau ne vous fera jamais vivre des choses que vous ne pouvez absolument pas supporter, des choses beaucoup trop dures. Au contraire, elle va amenuiser les épreuves, faciliter les passages initiatiques pour que vous puissiez y arriver avec moins de souffrances et surtout plus rapidement.

À ces codes de vitamines, de minéraux etc. ont été ajoutés des codes en rapport avec les constellations, je ne sais pas trop pourquoi, peut-être parce que parmi nous il y a des âmes qui viennent aussi d'Orion, des Pléiades et un peu de partout, et qui le moment venu — au moment des événements plutôt cruciaux — seront reconnectés avec la parenté qui leur convient et à laquelle ils sont affiliés. Il y a eu aussi des codes en rapport avec les solides de Platon, en rapport avec certaines formules géométriques, et surtout en rapport avec *la fleur de vie* (voir fis). Il y a sur ces feuilles le dessin de *la fleur de vie*, vous pourrez en prendre. La fleur de vie, ce ne sont pas les nombres marqués sur ce papier, c'est un système, un dessin que l'on retrouve dans les pyramides d'Egypte, ainsi que sur des pyramides mayas, en Amérique du sud. C'est Drunvalo « Melchisedek » auteur du livre *L'Ancien Secret de la Fleur de Vie* (il y a maintenant 2 tomes), qui a révélé cela au monde. Il a fait toute une recherche là-dessus depuis 15 ans, et il a trouvé que ce dessin comportait quasiment toutes les géométries : le dodécaèdre, l'icosaèdre etc. y compris les dessins de la formation de l'atome, ou même d'une première cellule dans une fécondation. On retrouve ce dessin dans beaucoup de plantes, de fleurs et de fruits.

Il m'a été donné, l'année dernière, de trouver les nombres de la fleur de vie. Vous remarquerez qu'ils vont de 1 à 37. Si vous multipliez 37 par 18, ça fait 666. Si vous multipliez 37 par 27, le chiffre quantique, vous obtenez 999, qui est le nombre de l'atome de carbone élevé à une autre conscience et qu'on appelle le diamant. Ceux qui veulent s'amuser avec une calculette verront qu'il y a des choses assez étonnantes, notamment le chiffre 19 qui est au centre, qui est *le nombre du germe potentiel de tout événement qui existe ici et maintenant, dans le passé* et dans le futur. Les recherches vont continuer, et plus tard je vous expliquerai tout ça, car je n'ai pas encore bien compris.

Donc le 19, c'est 12 + 7. Amusez-vous bien avec cette fleur de vie, et si vous avez l'occasion de lire le livre de Drunvalo, ne serait-ce que le premier tome, pour vous donner une petite idée, vous comprendrez beaucoup de choses. Si vous regardez ce dessin sans chiffres rajoutés, et que vous le regardez avec une vision un peu spéciale, vous verrez que chaque croisement de ligne fait un *champ merkaba*, c'est à dire deux tétraèdres imbriqués l'un dans l'autre. Au fur et à mesure que vous déprogrammez votre véhicule de toutes les mémoires enregistrées dans vos cassettes, il se forme, à votre insu, une sphère de couleurs, de 9 couches de couleurs — ce n'est donc plus 7, c'est 9 maintenant — dont 2 couleurs qui n'existent pas sur terre, qui sont en fait l'image et la représentation d'un double tétraèdre. Donc, imaginez une pyramide à 3 faces et une autre la pointe en bas, qui s'imbriquent l'une dans l'autre, comme l'étoile de David, comme le sceau de Salomon, mais en 3 dimensions, et ce double tétraèdre tourne à une vitesse incroyable sur 7 ou 14 axes différents. Et comme dans le cas d'un ventilateur, vous ne voyez plus les pales, vous voyez simplement un cercle.

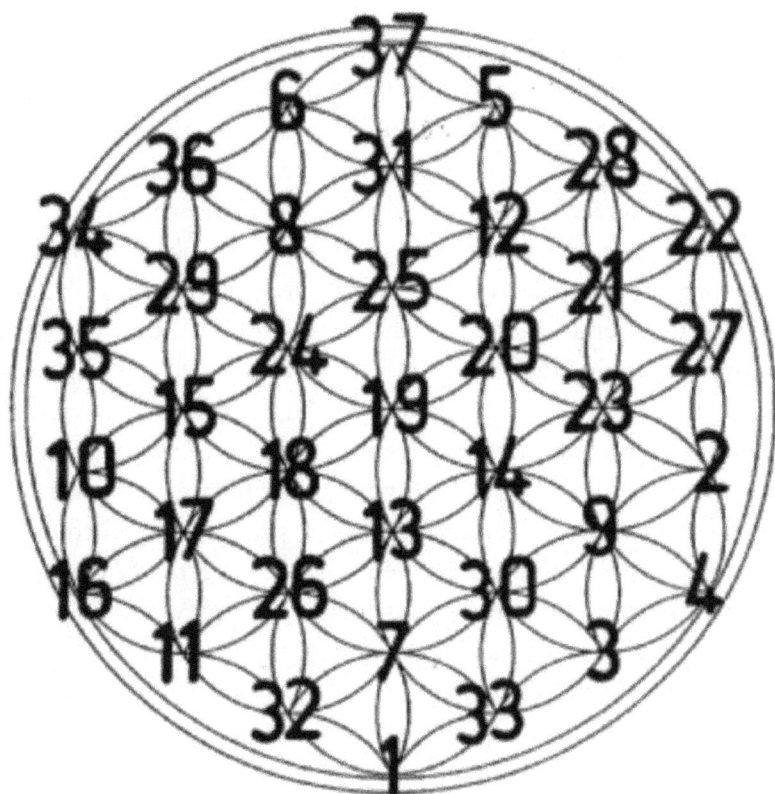

Le merkaba, c'est ça, pour ce que j'en ai compris aujourd'hui bien entendu. Dans un an, je vous dirai peut-être autre chose. Il permettrait de voyager dans des dimensions, mais aussi dans le passé et dans le futur, sans avoir besoin du Concorde ou d'un procédé technologique bien spécial. Et je sais par des clairvoyants qui m'accompagnent—dont ma fille que je vois de temps en temps et qui est très clairvoyante—que ce merkaba se fabrique peu à peu. Il y a bien sûr des stages et des méthodes pour l'amplifier et le développer. Moi c'est pas mon truc, je suis trop fainéant pour ça! J'attends que ça se fasse tout seul. Ma méthode, c'est plutôt l'amour: aimer, aimer, aimer, le reste viendra tout seul, je ne veux pas faire d'efforts.

Voilà, cette fleur de vie a donc servi beaucoup pour faire les derniers codes qui sont dans l'eau diamant. Maintenant, même si je ne rajoute pas de codes, il semblerait que plus il y a de personnes qui boivent cette eau, plus elle augmente en fréquence, en vibration, et elle permet de travailler sur toute la trame énergétique.

* * *

Je vais vous parler du *treillis*, et ensuite vous pourrez poser des questions. Qu'est-ce qu'un *treillis énergétique*? Par exemple, s'il existe au Japon un couple de libellules d'une race particulière, s'ils sont là, tous les deux, et qu'il n'y en a qu'un seul couple, la terre entière est remplie de leur fréquence énergétique, de leur treillis énergétique. Un treillis, c'est comme un tricot, une toile d'araignée, et qui fait que leur présence, leur procréation et leur expérience dans l'incarnation influence toute la flore et toute la faune, et même tous les humains de la planète. On ne s'en rend pas compte, mais ça va jusque là. Admettons qu'ensuite d'autres libellules apparaissent dans d'autres endroits de la planète, sans qu'il y ait eu une procréation, mais seulement des grains de lumière qui se sont agglutinés et ont commencé à matérialiser un autre couple. Cependant, si le couple maître de ce treillis énergétique meurt, et si le treillis énergétique casse, toute la race disparaît. C'est pour cela que l'on s'interroge parfois sur la disparition de telle race d'animaux, ou telle sorte d'arbres. Par exemple, j'ai entendu qu'il n'y a presque plus d'ormes en France. C'est parce que quelque part le treillis a été cassé, peut-être par des radars, peut-être par des micro-ondes, ou par la pollution des voitures et des avions, je ne sais pas. Il suffit que le treillis soit cassé, c'est comme un trou dans un pullover: ça se détricote lentement, et tous les humains, tous les animaux et tous les végétaux qui appartiennent à cette fréquence se mettent à disparaître de la planète. C'est pour cela qu'actuellement les humains jouent un jeu très dangereux avec les ondes, le son et la lumière — comme le *projet HAARP* en Alaska — parce qu'ils commencent à détricoter tout ça.

À l'inverse, en ce qui concerne le treillis humain, même si quelqu'un ne fait pas vraiment de démarche spirituelle et n'a pas des possibilités énormes parce qu'il n'est pas allé très loin dans d'autres vies, il a quand même son importance dans notre évolution à nous. De même notre petit doigt de pied a de l'importance aussi. S'il casse, ça ne nous empêchera pas de lire un livre, mais quand même il a son importance, il n'est pas inférieur à tout le reste du corps. À partir du moment où un certain nombre d'êtres humains vont boire cette eau pendant quelque temps, et pas seulement cela, mais aussi lire des livres, essayer d'affiner leur comportement, d'affiner leur subconscient, d'affiner leur pensée, automatiquement cela va influer sur toute l'humanité, et aider à ce que les événements qui viennent soient beaucoup moins cruels et dramatiques. Car ils viendront, c'est prévu, ne vous faites pas d'illusions, ça va arriver. (Ceci fut dit le 11 août 2001, un mois avant les attentats de New York). Mais ce sera moins douloureux pour la plupart des gens, qui sont des âmes encore incapables de s'éveiller maintenant parce qu'ils ont démarré plus tard à l'école, comme les petits enfants que l'on met aujourd'hui à l'école maternelle : ce n'est pas de leur faute s'ils sont nés plus tard. Donc dans les âmes il y a ça aussi, et il faut en tenir compte.

Je crois que cette eau — et d'autres systèmes aussi, il n'y a pas que cela — a été faite dans ce but là : *quand vous décodez au niveau cellulaire, vous décodez dans toute l'humanité en même temps*. Cela, je peux vous l'affirmer à 100% ; je le vois, c'est très très fort. Voilà ce qu'est un treillis énergétique.

* * *

Je parle un peu de *l'eau végétale*. Elle est apparue au mois d'août 2000. Une nuit, au mois de mai, on m'a montré un livre dans lequel il y avait une écriture très bizarre qui n'existe pas sur cette planète. Il y avait un texte qui disait : *la végétation terrestre forme un treillis énergétique qui est interpénétré en son essence par son entourage, à la manière d'un hologramme inversé*. Et là, j'ai compris tout de suite qu'il fallait que je fasse une recherche pour les végétaux. J'ai donc créé ce deuxième appareil. J'ai créé 48 codes supplémentaires, et c'est en prenant de l'eau diamant buvable et en y trempant cet encodeur une dizaine d'heures qu'elle devient une eau diamant végétale. On pourrait la boire aussi, il n'y a pas de problème, il ne vous poussera pas de persil dans les narines !

Peu après, Maria, en méditation, a vu un genre de grosse liane, dans un décor amazonien, et il semblait qu'il fallait aller arroser cette plante avec l'eau diamant végétale. Je me suis dit que j'allais devoir aller en Amazonie. L'idée ne me plaisait pas trop, car les moustiques c'est pas mon truc, et surtout j'avais autre chose à faire. Or au mois de septembre, il y a une dame qui est venue me voir et qui m'a dit : « Voilà, je devais partir le 1er septembre en Amazonie pour trois mois, dans une tribu de chamanes, mais je ne suis pas partie car j'ai eu un message qui m'a dit d'attendre, que je devais amener quelque chose là-bas. » Et quand elle est tombée sur un papier parlant de l'eau diamant chez une amie, elle a compris que c'était ça, donc elle est venue, et bien sûr depuis le 1er novembre, cette plante maîtresse du treillis végétal terrestre est arrosée à l'eau diamant régulièrement. Cette plante, c'est le *Jagube*, qui est une liane, et sa contrepartie féminine est le *Chakronia*, ou *Raina* (qui signifie reine en portugais), et c'est avec ces deux plantes-là que l'on fait cette fameuse boisson appelée l'*Ayahuasca*, qui met dans des états modifiés de conscience, sous surveillance chamanique parce que ça peut être très fort, et qui permet de parler à l'ADN des plantes. Les chamanes là-bas appellent ça *le serpent*. Le serpent leur parle et leur dit : Si tu me prépares de telle manière, je peux aider telle personne pour telle maladie, ou qui a tel problème avec son passé, ses enfants, ses parents etc. J'ai vu des cahiers là-dessus, c'est extraordinaire.

Et on peut dire que depuis le 1er mars 2001, donc 120 jours plus tard, le treillis végétal terrestre est maintenant à la fréquence de la cinquième dimension. Pour cette raison, il n'est plus nécessaire d'utiliser l'eau diamant végétale, l'autre suffit largement. Bien sûr, il faut le temps que ça se répercute dans la matière, dans l'atome physique de l'arbre et de la plante. Mais ça veut dire quoi ? Ça veut dire que ça va nous aider à ce que tous les fruits, les légumes, l'herbe que les vaches mangent soient vivants. Autrement dit, tout ce qui aura poussé de façon « tordue » — je ne cite pas de noms — va périr. J'ai actuellement des agriculteurs bio, des éleveurs de chèvres, de poules etc. qui utilisent l'eau diamant et qui la font boire aux animaux, en la multipliant avec de l'eau du robinet bien sûr, et d'autres qui cultivent les jardins et les champs en les arrosant avec l'eau diamant végétale. Mais il est certain que si demain, un agriculteur qui produit avec des engrais chimiques parce qu'il n'a pas pu faire autrement jusqu'à maintenant — et ce n'est pas de sa faute, il a été entraîné là-dedans comme beaucoup d'entre nous dans d'autres systèmes — commet l'imprudence d'arroser tout son champ, il ne produira rien. Si il y a ici des gens concernés et qui utilisent cette eau, faites un essai sur 1m^2 et voyez ce qui se passe, sinon vous allez être ruinés.

Si on en verse dans les lacs, les rivières etc., il est certain qu'après, comme elle se multiplie, elle va s'évaporer et pleuvoir, et en pleuvant elle risque de détruire progressivement les cultures non vivantes. Il n'y a pas de risque pour les élevages, mais elle influe sur les animaux malades. Par exemple en Sologne, où beaucoup de chevaux ont le cancer parce qu'ils boivent les eaux des rivières et des mares qui contiennent plein de métaux lourds — ces métaux lourds dont je vous ai parlé — cela fait maintenant deux mois qu'ils boivent de l'eau diamant dans leur abreuvoir et ils ont eu des eczémas géants. C'est le cancer qui est en train de sortir par la peau. On verra l'évolution dans six mois ou un an, ça dépend aussi de l'âge du cancer. Mais avec un animal qui n'est pas malade, il n'y a aucun problème.

Dans les Vosges, il y a un chat auquel sa maîtresse n'avait pas pensé à donner l'eau diamant à boire. Mais comme elle en avait mis dans un arrosoir pour arroser ses plantes, le chat allait lui-même tremper sa patte dans l'arrosoir pour se laver les yeux, parce qu'il avait du coryza depuis déjà 3 semaines ou un mois ; il avait les yeux qui collaient et coulaient ; il avait un rhume. Alors il léchait sa patte et il lavait ses yeux plusieurs fois par jour, et il a guéri en 8 jours.

Quand vous versez de l'eau, c'est le mobile qui compte. Si je vais verser de l'eau dans un lac en me disant : « chouette, tous les champs chimiques vont pourrir, c'est super », là on n'est pas dans le cœur. Maintenant, si on le fait avec la peur que ça se produise, on n'est pas dans le cœur non plus. Si on sent que cette eau nous appelle, alors on en met un peu et on voit ce qui se passe. C'est toujours pour amener la vie. Car dans les circonstances actuelles, il vaut mieux qu'il n'y ait pas à manger, plutôt que de continuer à détruire l'humanité à coups d'OGM… L'OGM, c'est une manipulation. Dans l'ADN on peut mettre une programmation. On peut faire un ordinateur dans une cellule de protéine et vous l'injecter dans un vaccin : personne ne le verra. Et alors, à partir d'un vaisseau spacial, on peut vous inculquer un programme mental. C'est déjà en route, depuis au moins deux ans.

L'eau ne peut pas agir sans le consentement de la personne qui est le sujet à guérir ou à aider éventuellement. En plus, cette personne doit boire cette eau pour en avoir des résultats. On ne peut pas mettre des intentions dans l'eau pour quelqu'un d'autre, sauf pour un bébé, un chien, un petit chat, ou un handicapé mental par exemple, qui ne peut pas s'exprimer, mais dans ce cas-là on sent cette chose, tandis que dans la radionique, on peut encore agir dans le pouvoir. Alors que l'eau diamant est au-delà du monde du pouvoir. La radionique est bonne, elle est comme le marteau qui enfonce le clou, mais on peut aussi assommer quelqu'un avec le marteau.

Donc, la science avance sans cesse, mais la science enseignée à l'université et celle qui est transmise dans les revues scientifiques ne constituent que quelques miettes que l'on veut bien nous donner. Malgré cela, on s'aperçoit que ça avance quand même, parce que depuis 1943-45 la science de haut niveau est déjà bien plus loin que ce qu'on pourrait imaginer. Les scientifiques de haut niveau ont depuis lors déjà trouvé les tunnels temporels ; ils savent déjà voyager dans le futur et dans le passé ; ils connaissent le temps vertical. Tout ça est en route, il y a des écrits là-dessus. Mais ils bloquent à 2012, il y a un mur là. (Voir le site www.wingmakers.com)

En ce qui concerne les intentions, ne les mettez pas dans la bouteille, ça ne sert à rien, car de toute façon trois heures après, une intention s'efface automatiquement. Mettez-la devant votre verre, à haute voix, sauf si vous êtes au bureau et que vous avez peur que l'on vous prenne pour un débile, vous le faites alors discrètement, bien centré, et vous dites : j'ai l'intention de ceci, de cela. Que se passe-t-il dans ce cas ? Il se passe quelque chose qui se passe dans tous les cas, même si vous parlez à votre enfant ou à votre voisin, il y a des énergies qui sortent du plexus solaire qui vont s'enregistrer dans l'eau sous forme de bulles de couleur, que les clairvoyants voient. Ces bulles de couleur ne se mélangent pas entre elles. Quand vous buvez l'eau, vous envoyez le message dans la partie intronique de votre ADN, qui lui va changer progressivement les banques de données et qui va permettre aux cellules rebelles de devenir obéissantes au roi ou à la reine que vous êtes.

On peut dire une intention sans eau diamant. L'avantage avec l'eau diamant, c'est qu'elle va faire comme le troubadour qui irait dans toutes les cellules et dirait : « Oyez, oyez, maintenant le roi a décidé que vous devez l'écouter, être positifs et d'accord avec lui pour amasser les forces et les unir. » Cela a beaucoup plus de puissance, et c'est beaucoup plus rapide. Une intention qui, avant, aurait mis un an pour se réaliser, si vous la mettez dans l'eau diamant, au bout de sept semaines — et quelquefois bien avant, ça dépend de l'amplitude du problème à régler et de son ancienneté — il y a déjà un résultat dans la situation à laquelle vous êtes confronté, sans rien corriger du comportement de la personne qui est en face, sans rien corriger en vous, parce que dans cette dimension-là on n'est plus dans le bien et dans le mal, on n'est plus dans le jugement car rien n'est bien ou mal, donc on n'a plus rien à corriger. On n'a même plus à dire à quelqu'un : « Range tes affaires ». C'est fini ça, dès qu'on fait ça on n'est plus dans l'amour. C'est dur, je n'arrive pas encore à le faire !

D'ailleurs, j'ai ici un livre qui vient de paraître, *Messages de l'Eau*, qui sont des photos de cristaux d'eau gelée à — 5°, qui fait des cristaux comme la neige. C'est un Japonais, Masuru Emoto, qui a pris ces photos au microscope, et quand on fait écouter de la musique à cette eau avant de la geler, ou bien qu'on lui met des couleurs, ou des écrits, par exemple en écrivant sur la bouteille *Hitler*, ou *Mère Teresa*, et qu'ensuite on prend les photos des cristaux, ceux-ci sont alors complètement différents selon les mots écrits sur la bouteille qui contenait cette eau. Si on dit à l'eau : « Je ne t'aime pas, tu es folle, je vais te tuer », ou bien on dit « Je t'aime, tu es belle », on voit des cristaux bien différents. Il y a là une photo prise après avoir dit à l'eau « Fais-le — *do it* » : on voit tout le cristal qui est déformé et qui devient quasiment diabolique. Dès qu'on donne un ordre à quelqu'un, c'est ce qui se passe. Autrement dit, on introduit dans l'aura de la personne et dans ses liquides, une destruction, les photos le prouvent ! Cette destruction est aussi la nôtre, parce que l'autre est une partie de nous.

Tout a une mémoire. En fait, la mémoire, qu'est-ce que c'est ? C'est une vibration que l'atome, la cellule accumule, au cours de ses expériences d'incarnation. Pour moi, c'est cela la mémoire. Cette mémoire a forcément un mental et aussi un émotionnel. L'émotionnel fait réagir ; le mental dirige la réaction ou la contrôle, ça dépend.

Si vous dites à un enfant : « Je te suggère de ranger ta chambre, » ce n'est plus un ordre, c'est une suggestion. Dans ce cas-là c'est de l'amour, parce que vous transmettez à l'enfant une structure, sachant que cet enfant, même s'il a une belle lumière, une belle intuition et le beau côté merveilleux et spontané de l'enfance, il s'incarne quand même dans un monde où il y a une forme. Le corps a une forme. Il y a des lois, des lois de la pesanteur, on ne peut pas les défier — sauf en prenant l'avion, mais à ce moment-là, on pollue. Mais s'il y a suggestion, vous êtes dans l'amour parce que vous suggérez à l'enfant de ranger son pyjama ou de faire son lit par exemple, pour lui apprendre une discipline. Là, ce n'est plus le bien et le mal, c'est autre chose. Ce n'est pas l'acte que vous faites qui est important, c'est le mobile qui vous pousse à le faire. Et pour cela, les enfants sont merveilleux, car ils réagissent dans la rébellion quand ce n'est pas fait dans l'amour, c'est automatique, ils ne se trompent jamais.

Questions-Réponses

Question d'un brasseur artisanal, qui fait de la bière en utilisant l'eau diamant.

L'eau diamant peut être bue sans intention. Par exemple, si vous avez de l'eau diamant chez vous et que des invités se servent, il n'y a pas de problème. On ne leur impose rien, ils la boivent comme ils boiraient du Vittel, de l'Evian ou autre chose. S'ils sont ouverts, on peut leur dire que c'est une eau qui est un peu différente, qu'elle a certaines énergies. Mais si un brasseur veut faire de la bière avec de l'eau diamant, pourquoi pas ? Dans ce cas, c'est votre conscience qui joue, c'est pas la mienne, donc ce que vous faites est certainement juste pour vous. Moi je sais que je le ferai, mais c'est une question de conscience. De toute façon, d'ici 15 ans, toute la matière, les végétaux, les liquides qui sont sur terre vont être à la fréquence de l'eau diamant, et même plus loin.

Si un invité en boit une fois tous les 3 mois chez vous lors d'un repas, rien ne se passera. Mais si quelqu'un qui ne fait pas de recherche intérieure passe chez vous tous les jours et boit un demi litre de cette eau — ça peut être un enfant qui vient vous voir, ou un voisin — vous allez voir au bout de trois à six mois de petits changements dans son comportement. Il ne s'en rendra pas compte, mais il vous le dira. Il vous dira par exemple, «Tiens, j'ai rencontré un ami d'enfance que je n'avais pas vu depuis 20 ans.» Et vous, vous saurez que c'est l'eau diamant qui a provoqué peu à peu cet événement. Ou alors il décidera de lâcher prise dans un problème d'héritage pour lequel il luttait au tribunal depuis des années. Vous verrez qu'il a évolué un petit peu. Ou bien il tombera sur un bouquin... Vous verrez, il se passe des choses.

Maintenant, tenez compte que cette personne qui vient régulièrement boire de l'eau chez vous est une partie de vous, c'est de cela que je vais parler dans le cours demain, et si vous déprogrammez en vous ce qu'elle vous montre de vous-même, elle va forcément changer. C'est cela l'histoire du treillis et la répercussion dont on parlait tout à l'heure.

Intervention d'une personne qui dit qu'en donnant des bouteilles d'eau diamant à des gens, elle y a mis l'intention que ça leur fasse le plus grand bien, et que ça a marché.

Bien sûr, et c'est là qu'il n'y a pas de règle avec cette eau. Je vous dis des choses, mais si ça se trouve, ce n'est pas juste. Je dis ces choses d'après les *feedbacks* que j'entends, parce que lorsque j'ai fait cette eau, je ne savais pas à quoi elle allait servir, je n'en savais rien. Alors, il est très possible que des thérapeutes, ou des personnes qui s'occupent d'autrui aient un talent particulier. C'est certainement votre cas, et en plus vous avez mis une intention très globale, il n'y avait pas de pouvoir là-dedans, c'est pour cela que ça a marché. Vous avez donné l'eau avec amour, pour que ces personnes mettent ensuite leurs intentions personnelles si elles le désirent. Mais votre intention était globale, donc automatiquement il y a quelque chose qui s'est passé. Mais là, comme vous dites, vous ne l'avez pas donnée à n'importe qui, mais à des gens qui ont déjà un potentiel dans le cœur.

Par exemple, en Lorraine, du côté de Metz, Thionville, il y a une dame de 83 ans à qui sa fille a donné de l'eau diamant. Cette femme avait les doigts tordus à cause d'une arthrose déformante, ce qui l'embêtait car elle tricotait et elle brodait beaucoup. Mais depuis un an elle ne pouvait plus le faire. Elle buvait un demi-litre par jour d'eau diamant, et en trois mois ses doigts se sont redressés. J'ai demandé à sa fille quel genre de femme était sa mère, et elle m'a dit : « C'est une femme qui est émerveillée devant une fleur, un petit chat, ou un bébé, une femme qui a une foi formidable. » Et je lui ai dit : c'est pour cela que ça a marché. Voyez, avec cette eau, il faut vraiment qu'il y ait un partenariat. Il faut la sentir.

Il y a un petit enfant dans cette même région qui a une leucémie. Il a 4 ou 5 ans, et quand sa mamie lui a ramené l'eau elle lui a dit : « Tu sais, mon chéri, cette eau est un peu spéciale, cela va peut-être t'aider pour ta maladie. » Il a regardé l'eau et il lui a dit : « Mais tu sais, mamie, je la connais cette eau, c'est l'eau de Jésus. » C'était assez émouvant de l'entendre dire ça. On voit que les petits et les animaux sentent cette eau. Certains ne sentent rien. D'autres, dès qu'ils la reçoivent ont des frissons partout. Je crois que c'est dû aux familles d'âmes qui ont besoin de l'avoir. Et comme vous le dites si bien, madame, ce n'est pas tout le monde qui va l'avoir. Si vous avez deux enfants, l'un va dire « J'en veux pas », et l'autre « Ouais, je la veux tout de suite. » Pourquoi ? Parce que ça s'adresse à une catégorie d'âmes, qui ne sont pas supérieures aux autres, mais qui ont une couleur, peut-être celles du désert du Néguev dont je parlais tout à l'heure.

Intervention d'une personne qui parle de la capacité de l'eau de développer l'amour et de combler certains aspects de la personne.

Peut-être avais-tu besoin de développer ton côté féminin, et l'eau te l'apporte. À d'autres, elle apportera plus de lucidité, ou de discernement. J'ai vu des gens me dire : « Avant, il me fallait un temps fou pour voir ce que je devais faire, maintenant ça va vite, je comprends vite qu'il faut que j'achète ce livre-là, ou que j'aille faire mes courses ici, ou que j'achète telle maison ; il y a davantage de discernement, c'est plus rapide.

Pour d'autres personnes, c'est autre chose. Par exemple, la fille de Maria, qui a 19 ans, a changé d'école en plein milieu d'année. Elle ne voulait plus étudier. Pourtant, elle adorait ses études d'orthophonie. Elle travaillait très bien, tout allait bien, elle avait bu l'eau pendant un mois et demi, et tout d'un coup elle ne voulait plus faire ses études, et même pas continuer jusqu'au mois de juin. Elle a donc complètement changé de branche. Cela ne veut pas dire que ça ne se serait pas produit, mais ça s'est produit plus tôt. Et je vois ma fille, qui a 17 ans maintenant, elle utilise l'eau diamant, et quand elle a un problème, même avec son petit ami, elle regarde en elle et elle met en décodage, en déprogrammation, et automatiquement, dans la discussion qui va suivre avec lui, il va y avoir un dialogue, ça va se révéler, elle va comprendre, lui aussi, et c'est réglé : ils vont encore un pas plus loin dans la relation. Et ça, c'est merveilleux.

Question sur les effets de l'eau.

Les effets, qu'ils soient positifs ou négatifs, c'est toujours une apparence. La maladie, la réaction, c'est une manifestation d'auto-guérison de votre corps. Comme vous êtes jeune et robuste, la réaction se fait plus violemment. Par exemple, si vous donnez l'eau diamant à un enfant, et qu'il est un petit peu encrassé, il fera peut-être une bonne fièvre 15 jours après. Ne donnez pas d'antibiotiques, faites comme les chiens et les chats. Vous avez vu ce que font les chiens et les chats quand ils sont malades ? Ils arrêtent de manger ; ils boivent un peu d'eau et mâchent quelques brins d'herbe pour se purger les intestins. Faites pareil avec vos enfants : une petite purge, une petite tisane laxative très légère, et vous les mettez à la diète aux pommes pendant 2 jours, ou rien du tout, que de l'eau, l'eau diamant en l'occurrence, et ça passe tout seul. Le corps s'auto-guérit puisqu'il y a Dieu en lui.

Quelqu'un parle de petits problèmes quand il boit l'eau.

Si vous avez eu des migraines ou des choses comme ça les premiers temps où vous avez pris l'eau diamant, c'est que dans votre cerveau il y avait des toxines cristallisées, comme le tartre dans les robinets, et qui commençaient à fondre. Mais quand elles fondent, le sang, localement, devient acide comme du vinaigre, et c'est ça qui crée la migraine. Il faut ensuite que ça descende, et si beaucoup de ces toxines descendent, cela donnera une bonne angine, mais après vous n'aurez plus de problèmes de cerveau et votre vue augmentera, vous n'aurez plus besoin de mettre de lunettes.

Question : Comment faire pour ensemencer avec de l'eau diamant 1 ou 2 ha de terrain ?

Pas facile de répondre ! Voici l'eau diamant végétale, il y en a 33 cl. Vous mettez ceci dans 2 ou 3 litres, dans un seau, vous laissez 2 ou 3 heures et vous aurez cette quantité d'eau végétale. Ces 3 litres, vous pouvez en faire 25, 30, 40 litres, même plus. Je dis de mettre au moins 10% d'eau diamant, mais ne tenez pas trop compte de ceci, car vous avez vu l'exemple du litre et demi d'eau dans une cuve de 400 000 litres ! Je conseille de garder toujours 10% pour être sûr d'avoir toujours de l'eau diamant dans votre bouteille au bout de deux heures. Donc, même si vous mettez vos 3 litres dans un tonneau de 100 l d'eau, pendant tout un après-midi, vous aurez 100 litres d'eau diamant végétale.

Je ne sais pas comment ça marche en agriculture, si vous avez un tonneau avec des trous, ou des gicleurs. En tout cas, ce qu'il faut faire, même pour ce qui est des petits potagers et des jardins, il ne faut pas arroser tout le temps, parce qu'avec la pluie ça se multiplie. Donc arrosez une fois de temps en temps, quand vous le sentez, si vous sentez des zones de votre jardin ou de votre champ qui sont un peu plus faibles, où les légumes, le blé ou le maïs paraissent plus faibles, moins toniques, moins vivaces. Faites-le un peu *au pif*. De toute façon, en travaillant avec l'eau diamant, elle va vous appeler, vous allez le sentir.

Vous savez, nous avons Maria et moi un petit vaporisateur, dans lequel il y a de l'eau diamant. On peut s'en mettre sur le visage quand on doit conduire 12 heures la nuit et qu'on ne tient pas le coup. Au lieu de prendre du café, vous vous aspergez le visage ; ça stimule tous les nerfs qui vont au cervelet et ça vous tient en forme. C'est un exemple. Vous pouvez en mettre dans votre vin, pour que l'alcool soit moins nocif. Moi je suis un gourmand, je bois du vin, je mange de la viande, je fume même des cigarettes, mais je mange aussi des fruits, du bio, et je fais des jeûnes. C'est vrai que tout ça est un peu paradoxal.

Je peux vous assurer qu'en pulvérisant dans le vin, dans le café, sur l'assiette (d'ailleurs les gens nous regardent d'un drôle d'air, mais c'est pas grave !), il y a une élévation, une désintoxication, quelque chose qui fait que l'on digère mieux, et on n'a ni diarrhée ni constipation, alors qu'avant c'était mon cas quand je mangeais trop souvent des conserves ou des plats passés au four à micro-ondes. Donc, vous pouvez utiliser l'eau de cette façon.

Question : Est-ce que l'eau peut se détériorer si elle reste longtemps dans un récipient, notamment en plastique, en plein soleil comme aujourd'hui ?

Peut-être bien un peu, même si elle va lyser et transformer les toxines du plastique qui vont aller dedans. Vous savez que dans l'est de la France, il y a des gens qui en ont mis dans leur piscine, qu'ils recouvrent le soir d'une bâche en plastique, pour que l'eau garde la chaleur de la journée. Et au bout de 4 ou 5 mois, forcément, le plastique s'est troué de partout. Pourquoi ? Parce que l'eau diamant détruit le plastique. Mais vous pouvez utiliser des bidons plastiques de 5 l pour arroser vos plantes avec l'eau végétale, car avant que l'eau ait rongé tout le plastique, il faudra peut-être un an ou deux.

Mais si c'est pour boire, soit vous changez les bouteilles en plastique que vous utilisez régulièrement, c'est-à-dire tous les 8 ou 15 jours, en évitant de les mettre trop au soleil. Avec les bouteilles en verre, il n'y a pas de problème. Vous pouvez même faire l'expérience de mettre une bouteille en verre au soleil et de demander que l'eau diamant prenne les éléments solaires dont vous avez besoin. Vous pouvez aussi la mettre à côté d'une musique de Mozart, ou d'une belle musique de méditation, ou des sons de bols tibétains pour qu'elle prenne ces fréquences, car elle est très sensible à la musique : cette eau a été faite avec de la musique. Vous pouvez la mettre à côté d'une peinture ; vous pouvez faire des expériences. Il y a des gens au Québec, des artistes peintres, qui font des aquarelles, et qui utilisent cette eau pour peindre, et ils s'aperçoivent qu'ils peignent des choses pas ordinaires pour eux. Ils mettent même parfois des couleurs qu'ils n'aiment pas d'habitude. Et quand on passe les mains devant le tableau, on sent les énergies.

Donc, il faut s'amuser. L'eau peut se mettre en externe, dans des pommades pour des eczémas, des brûlures, des entorses — les entorses gonflées se dégonflent beaucoup plus vite avec une bonne compresse. Il y a une ostéopathe à Paris qui travaille dans les énergies et fait de la kinésiologie et du reiki, qui a eu le cas d'une jeune fille qui avait eu 5 ou 6 séances d'ostéopathie, chez d'autres thérapeutes aussi car elle-même n'y arrivait pas, et elle m'a dit : « D'un seul coup, il m'est venu une idée de génie. » Elle a des petits patchs hermétiques, qu'elle utilisait dans le temps pour des médicaments homéopathiques, et elle a dit à cette jeune femme de 32 ans qui était bloquée depuis un mois très douloureusement dans le bas du dos : « Écoute, je ne peux plus rien faire pour toi, je ne comprends pas ce qui t'arrive, personne ne peut te sortir de là. J'ai mis une eau spéciale dans ce petit patch, et tu vas le coller là sur ta poitrine. » 24 h après, il n'y avait plus rien. Elle était complètement guérie, débloquée. L'ostéopathe n'y a rien compris. Elle a fait une autre auscultation et a vu que tout était rentré dans l'ordre au niveau énergétique, au niveau osseux et au niveau des tensions musculaires.

Voyez, c'est très, très bizarre. Cette eau, parfois, si vous avez un problème de santé ou un problème difficile, psychologique ou autre, elle ne vous guérira pas. En revanche, elle va peut-être vous conduire vers le thérapeute qui sera le bon, qui va vraiment vous aider et qui mettra le doigt sur le problème ; ou bien elle va vous conduire au bouquin ou à l'ami qui vous donnera la réponse. Voyez, elle va vous guider. Elle ne peut pas tout faire, mais elle va vous aider.

Question : Peut-on mettre l'eau au frigo et la faire bouillir ?

Oui, vous pouvez la mettre au frigo, sans problème. Vous pouvez également faire cuire vos légumes avec, et même mettre des intentions devant la casserole qui est sur le feu, ça marche.

Question : Peut-on la disperser dans un local de thérapeute ?

Oui, je vous y encourage. Par exemple, en ville, là où nous n'avons pas la chance d'avoir un air pur comme ici. Avant, il fallait tout le temps ouvrir les fenêtres pour aérer. Maintenant, j'ai un petit appareil qui fait évaporer l'eau. J'y mets de l'eau diamant, en y ajoutant parfois une goutte d'huile essentielle pour que ça sente bon, avec l'intention que l'air soit oxygéné et purifié. Et depuis, on n'a plus besoin d'aérer. L'air est plus léger, plus subtil, c'est vraiment différent. On a même un jour médité, quelques minutes, en mettant l'intention de changer le mouvement des gravitons, qui sont ces molécules, ces particules qui font la pesanteur. Hé bien je vous assure que dans cette méditation très courte que l'on a faite, pendant que cette eau s'évaporait avec cette intention qui était dans l'air, dans l'humidité de l'air, on sentait des parties de nos corps énergétiques qui commençaient à se détacher et à se décorporer. Donc, c'est vivant. Vous pouvez parler à cette eau comme vous parlez à votre petit chat, à votre enfant ou à votre ange. C'est vivant. C'est même très maternel.

Réponse à une question.

Si les gens attrapent un cancer de la peau avec le soleil, c'est parce qu'ils l'avaient à l'intérieur, et le soleil par amour le fait sortir à l'extérieur et le révèle. Tout ce qui se manifeste en tant que maladies, ou en tant qu'actes de délinquance, guerres, génocides et viols sont des abcès qui sont en train de crever pour purifier la crasse de l'humanité et l'amener à une autre dimension. Donc, tout est merveilleux.

Question sur la délivrance : « Dans le monde de l'invisible, ce n'est pas autorisé de squatter les humains, vous avez effleuré la question. Est-ce que vous pourriez apporter plus d'éclairage là-dessus ?

C'est cette fameuse délivrance que les gens viennent chercher auprès de certains avatars, comme à une fontaine. Donc, il y a des personnes qui peuvent être squattées par des entités, des êtres de l'au-delà, qui ne sont pas dans un niveau de conscience assez élevé et sont encore dans l'avidité de la matérialité, ou du profit, ou du squattage tout simplement. Alors, pour se nourrir, ils passent à travers un corps humain. Vous savez autant que moi que des alcooliques ou des drogués ont plein de parasites sur eux. Ces parasites ne peuvent pas prendre un bon whisky, alors ils utilisent un corps humain pour avoir les plaisirs de l'enivrement, et c'est comme cela qu'ils se mettent comme des sangsues ou des manteaux sur les gens. J'ai eu l'occasion de m'occuper de ça il y a très longtemps, à une époque où mon énergie permettait de les chasser. Mais il s'agit maintenant que ma conscience actuelle comprenne pourquoi elle a attiré ça. C'est un peu le but de l'eau diamant, que la personne arrive à un niveau de conscience, ou de compréhension, où elle voit que ce qui lui arrive est exactement la projection des mémoires et des fréquences de son subconscient qui passent à travers elle sans qu'elle le sache. Et c'est pour cela que l'on n'est pas libre.

Si, par exemple, une personne se fait tout le temps voler, un coup sa valise à la gare, puis son porte-monnaie, et un autre jour la voiture, c'est qu'elle a en elle des énergies de vol dans ses mémoires qui rayonnent et qui provoquent une réaction de l'entourage, de ceux qui vont l'exprimer. Mais ceux qui vont exprimer ça ont été nourris par le subconscient de cette personne ; c'est elle qui les a alimentés. Quand une fille se fait violer au coin d'une rue, c'est la même chose : il n'y a ni coupable, ni victime. On nous a fait croire ça. C'était nécessaire qu'on le croie, d'ailleurs, car dans l'état animal où l'on était, il fallait bien qu'il y ait des coupables, des victimes, des sauveurs et des bourreaux.

Mais il faut maintenant en sortir, car c'est ceci la clé du bonheur : c'est de ne plus être ni victime, ni bourreau, ni sauveur. Mais on a en nous ces mémoires, parce qu'on a si longtemps vécu dans ce cinéma-là. Maintenant, il faut essayer d'en sortir, un peu à la fois. Ça ne se fera pas du jour au lendemain.

Donc, dans le cas où il y a des entités qui squattent des individus, l'eau diamant aide vraiment. C'est un travail que l'on peut faire avec une personne qui est dans ce cas, si elle est d'accord et qu'elle accepte… Si elle reste dans une conscience du bien et du mal en disant : cette entité, c'est une méchante, c'est diabolique, c'est noir etc., elle alimente cette entité. Et en alimentant cette entité de sa négativité de jugement, elle renforce encore plus cette entité. Et là, l'eau diamant ne fonctionnera pas. Si cette entité est très forte, la personne n'arrivera pas à boire l'eau diamant. Là, il ne faut pas faire comme sous l'inquisition, lui mettre un entonnoir et lui envoyer 5 litres dans la bouche ! Il faut attendre le bon moment pour en parler à la personne, et lui dire : si tu veux, j'ai une eau qui pourra t'aider, mais avant tu as une démarche à faire. Tu dois faire la démarche de comprendre et d'accepter humblement que peut-être dans une autre vie, tu es allé chatouiller les doigts de pied à certains sur terre au lieu d'aller sur ton plan. Ça peut être ça aussi, j'ai déjà vu des cas comme ça. Et si ce n'est pas sûr, si c'est seulement hypothétique — car on n'est pas toujours assez médium pour voir exactement ce qui se passe — par le fait que la personne ouvre son cœur à une certaine humilité, l'eau diamant va l'aider à se séparer de cette entité, et en plus cette entité va aussi évoluer.

Car, la plupart du temps dans les cas de squattage, ce n'est pas méchant, sauf dans quelques cas. Ce sont des êtres de l'au-delà qui sont complètement paumés, ce sont des SDF (sans domicile fixe) qui sont là en train de mendier de l'énergie et ne savent pas où aller. Alors ils voient quelqu'un qui n'est pas mal, dont la fréquence correspond, et ils décident de se mettre dessus pour se sentir mieux, comme un petit enfant qui vient chercher sa maman, sans se rendre compte que pendant ce temps-là il suce l'énergie de la personne. Si l'entité est morte d'un cancer, l'autre va l'attraper aussi, au bout de 14 ou 15 ans, ou 21 ans, parce qu'elle va transmettre à celui qu'elle squatte son aura qui n'est pas encore guérie, tous ses corps subtils encore malades.

Mais si une personne attire cette entité, c'est qu'elle a quelque chose à voir avec ça ; c'est qu'il y a les mêmes énergies karmiques au départ. Chaque cas est différent. Mais c'est vrai que l'eau peut beaucoup aider, je vous le garantis. Faites l'expérience. Notamment, Maria a aidé sa maman décédée, dont on a senti la présence quelques semaines après son décès, et qui demandait de l'aide. Alors chaque matin pendant 9 jours, Maria a mis l'intention dans son verre d'eau diamant que ses propres énergies puissent guérir et aider sa maman, afin qu'elle puisse quitter l'astral au plus vite. C'était donc guérir sa mère à travers elle, et l'eau diamant a accéléré le système. Le jour même elle ne s'est plus fait sentir. Depuis, tout va bien et je sais qu'elle a quitté son plan, le plan des SDF ; elle est partie plus loin.

Faites des expériences, je vous y encourage, vous allez vous amuser. Cette eau, ce n'est pas une méthode ; ça doit devenir un jeu. Vous pouvez la boire avec de l'orangeade, avec de la citronnade ; vous pouvez en mettre dans les WC ... Vous faites ce que vous voulez. C'est quelque chose de joyeux et d'enfantin.

Réponse à une question.

Oui, si vous buvez l'eau, les codes restent dans l'urine, tout à fait.

Réponse à une question.

Il y a des gens qui disent que dans les moyens de transport l'eau perdrait de sa force, par exemple dans les trains, dans les avions, dans les voitures. Mais en fait, si elle se multiplie, comme les petits pains de Jésus, c'est qu'il y a vraiment quelque chose de différent. On aura peut-être des nouvelles, parce qu'il paraît que Drunvalo Melchisedek en a pris quand il est venu à Paris en mai (2001), et il l'a fait analyser dans des laboratoires de scientifiques « ouverts ». On n'a pas encore les résultats.

Intervention d'un participant : il faudrait l'analyser à l'appareil Kirlian.

Oui, mais en fait on verra la photo du gars qui prend la photo, pas celle de l'eau. C'est comme avec l'antenne de Lécher. Et même si on fait des photos de cristaux d'eau diamant, c'est la conscience de celui qui prendra la photo que l'on verra, bien sûr, car avec cette eau on est dans la cinquième dimension, c'est différent.

Question : Faut-il la faire avec de l'eau minérale, ou peut-on utiliser l'eau du robinet ?

Ceux qui sont habitués à boire l'eau du robinet, parce qu'elle est bonne, il n'y a pas de problème. L'eau de pluie aussi convient tout à fait, n'importe quelle eau. Si j'ai conseillé parfois l'eau minérale, c'est parce que dans le nord de la France, et en Belgique, les eaux sont souvent très calcaires. L'eau diamant réduit le chlore de l'eau — il n'y a plus de chlore à l'analyse. Même dans une piscine ou une baignoire, si vous mettez un peu d'eau diamant, un quart d'heure après on ne sent plus l'odeur de chlore, parce qu'elle oxygène et elle détruit le chlore, mais elle n'a pas le temps d'adoucir l'eau au point d'enlever le calcaire et le tartre. Or une eau trop calcaire, si on en boit souvent, fait la même chose dans notre corps que dans les canalisations, au niveau des reins, des artères etc.

Il y a des régions, comme le Québec, où les gens boivent rarement de l'eau en bouteille. Ils prennent l'eau du robinet, par contre ils ont tous de gros filtres au charbon de bois sous l'évier pour adoucir l'eau. Mais elle est très calcaire, je ne la trouve pas bonne quand même, mais eux y sont habitués.

Il y a des gens qui m'ont acheté des encodeurs, mais ce n'est pas nécessaire puisque l'eau est multipliable. Pour les personnes qui ont cette eau, c'est bien d'en avoir une petite souche de réserve dans un placard, parce qu'un jour votre fils arrive avec tous ses copains, ils vous vident toutes vos bouteilles et vous ne pouvez plus en refaire. Vous trouverez certainement des voisins ou des amis qui en ont et vont vous en donner, mais si ce n'est pas le cas, vous êtes bien embêté. Ce que je vous conseille, c'est de faire une petite bouteille en verre, ne serait-ce que 100 ml, ça suffit, et dans du verre vous pouvez la garder facilement un an. Mettez-la dans un coin, dans un placard où vous êtes sûr qu'on ne va pas vous la prendre.

Quand les gens m'en demandent, je la mets dans des quarts Vittel, parce que c'est pratique. Vous savez, il n'y a pas de commerce là-dessus, puisque c'est gratuit, donc je ne peux pas commencer à acheter des flacons. Alors je les achète par huit au supermarché, je les transforme en eau diamant et je les envoie. C'est mieux de la mettre dans du verre, donc si vous la mettez dans des bouteilles plastiques changez-les tous les 8 ou 10 jours. Il n'est pas nécessaire d'utiliser de l'eau en bouteille, l'eau du robinet convient très bien, elle ne sera pas nocive, je vous l'assure.

Il y a même une personne qui a pris de l'eau contenant des nitrates, ça sentait vraiment fort. Mais elle n'a pas été malade après avoir bu cette eau diamant faite avec une eau bourrée de nitrates qui vient d'une source.

Réponse à une question.

Il y a une personne un peu plus médium que moi qui m'a dit que lorsqu'elle mange à table, elle met sa bouteille au milieu et elle voit que tous les aliments reçoivent plein de rayons rouges, verts, bleus, jaunes. Et quand ils sont bien gorgés de ces rayons, elle mange. Donc, il y a une aura. Les animaux, les enfants et surtout les chats le sentent. Les chats, quand vous mettez une bouteille d'eau diamant sur une table, la plupart du temps ils montent sur la table et viennent se frotter contre elle et ont un certain délice avec cette eau.

Si vous avez un pack de 6 bouteilles d'eau, par terre, dans la cuisine, et que vous avez 2 ou 3 bouteilles d'eau diamant posées sur une étagère, il y a automatiquement un rayonnement entre l'eau qui est là — ou peut-être même pas dans la pièce, mais dans la cave—et l'eau des 6 bouteilles, et vous vous apercevez que ces bouteilles achetées le matin même sont devenues de l'eau diamant deux jours après, sans faire le mélange. Mais faites-le quand même, par sécurité. Vous verrez, parfois cette eau fait plein de bulles et parfois elle n'en fait pas. Là vous verrez qu'elle joue avec vous, selon ce que vous vivez et votre état de conscience.

Par exemple, il y a une dame un jour qui me dit : « Ça fait 3 mois qu'elle ne fait plus de bulles cette eau, je me demande si c'est encore de l'eau diamant. » Je lui ai dit que oui. Et elle a ajouté : « Par contre, lundi je voulais en donner à une amie, et le jour où j'ai fait un flacon pour elle, toutes mes bouteilles ont fait des bulles. » Je lui ai dit que je ne comprenais pas, c'est comme ça, je n'y peux rien. Cette eau est capricieuse, parfois un peu coquine sur les bords, elle fait des bulles ou pas...

Question : Si j'arrose mes géraniums avec de l'eau diamant, alors que je leur ai mis des engrais depuis un certain temps, est-ce que ça ne va pas les faire crever, selon ce qui a été dit tout à l'heure ?

Ça, tu ne peux pas le deviner avant. Ça dépend du degré de déficience que le géranium aura atteint. S'il est encore sauvable, il va au contraire se régénérer, et il peut même changer de couleur, parce que souvent les couleurs des fleurs achetées chez des fleuristes sont chimiques. Ils mettent des colorants dans la racine. J'ai vu ça avec les géraniums de Maria. Après deux mois d'arrosage, une ou deux fois par semaine, sur un balcon d'appartement, pas dans un jardin, leur couleur a complètement changé : de rouge, ils sont devenus rose pâle. Donc ces fleurs sont revenues à leur état plus naturel. D'autres personnes m'ont dit ça aussi.

Mais on a vu des personnes qui ont eu des plantes d'appartement qui ont crevé avec l'eau diamant. Ça, ce sont des plantes qui sont devenues des paratonnerres à des énergies trop mentales ou trop lourdes venant de leur comportement. Je ne connais pas bien cela, mais il y a des plantes et des arbres qui sont les paratonnerres de certains modes de pensée, d'affection, d'émotionnel ou même d'énergies un peu sombres. Les plantes et les arbres sont parfois les capteurs et les purificateurs de nos auras. Mais quand une plante est trop polluée, comme avec les engrais, elle s'affaiblit de plus en plus, et si on met l'eau diamant dessus, ça l'achève, par bonheur pour cette plante.

Il y a eu aussi l'effet inverse. Par exemple en Italie, dans les montagnes au nord de Turin, il a été pulvérisé de l'eau diamant sur des abricotiers qui étaient envahis de parasites qui mangeaient les fleurs et les feuilles. Je ne sais pas combien de fois la dame a pulvérisé, mais au bout de deux mois il ne restait pas du tout de parasites sur les arbres.

*Question : Est-ce que la pilule contraceptive n'aura plus d'effet si on prend l'eau dia-
mant ?*

On n'est pas vraiment plus loin qu'il y a un an. On ne sait toujours pas. Mais
comme je sais qu'elle est intelligente, je suis sûr qu'elle n'annulera pas l'effet de la
pilule s'il ne doit pas être annulé. Par contre, je peux vous dire quelque chose, c'est
que si une personne, une femme, ne désire pas d'enfant et qu'elle est consciente
qu'elle a ce pouvoir, elle n'a aucune crainte à avoir, elle peut faire l'amour pendant
l'ovulation, elle n'aura pas d'enfant. Sauf si, à un moment donné sa conscience descend, car son taux vibratoire descend, et là elle peut se faire piéger. Je vais vous en
donner une petite illustration.

Dans le temps, en 1986, je louais une petite maison avec une pelouse. Et ce qui est
désagréable sur les pelouses, ce sont les taupes, car elles font des monticules, et pour
tondre on met deux fois plus de temps. Alors à l'époque j'ai parlé à l'âme-groupe
incarnée dans les taupes. Je leur ai dit : « Je vous aime énormément, je sais que vous
faites un bon travail de galeries sous la terre pour l'oxygéner, et c'est merveilleux.
Mais si de mars à octobre vous pouviez aller ailleurs, ça m'arrangerait bien. Après,
en hiver, revenez et faites ce que vous voulez, vous pourrez faire tous les trous que
vous voulez, ça ne me dérange pas. » Et ça a marché. À partir du moment où j'ai
formulé ce genre de demande, de prière, en plein milieu de ma pelouse, il n'y a
plus jamais eu de taupe qui soit venue faire un trou pendant la période de tonte.
L'année suivante, même chose. J'ai renouvelé la demande, on ne sait jamais, au cas
où elles auraient oublié : plus personne, plus de taupe, plus rien. Mais un après-
midi où je n'étais pas bien, où j'étais dans la dépression et non plus dans l'amour,
il y a eu 3 monticules de terre, parce que mon intention avait perdu de sa force,
alors l'adversité était revenue.

Je peux aussi vous donner l'exemple de ma fille, qui a 17 ans. C'est une Tahitienne,
adoptée. Elle a des rapports sexuels depuis au moins 2 ans déjà, elle est précoce,
et elle ne veut pas prendre la pilule ; elle n'en a rien à faire. Elle ne veut pas entendre parler de ses périodes d'ovulation. Elle dit : « J'ai dit à mon Moi supérieur
que je suis trop jeune pour être enceinte. » Et ça marche. Mais un beau jour, elle
n'a plus été dans l'amour, et là ça n'a plus marché, et elle s'est fait avoir, elle a été
enceinte. Elle s'est fait avorter, c'est son choix, mais de nouveau maintenant elle
recommence le même système, et elle a confiance en sa souveraineté. Alors je lui
ai dit : « Maintenant, tu as compris la leçon, tu dois rester dans cet état permanent

d'amour, sinon ça foire.» Voilà la réponse que je peux vous donner. Je ne peux pas en dire plus.

Réponse à une question.

Comme monsieur l'a très bien dit tout à l'heure, tout a une mémoire, même un T-shirt; donc une maison peut avoir une mauvaise atmosphère, une mauvaise ambiance, des mauvaises mémoires. Alors, dans de tels cas, il y a des personnes qui ont mis de l'eau diamant dans des vaporisateurs avec lesquels on lave les vitres et qui ont pulvérisé les murs, les plafonds, le sol avec l'intention que les mémoires inscrites dans la matière des murs se purifient et se transforment. J'ai eu notamment deux ou trois personnes qui ont fait ça, parce qu'elles avaient loué des endroits pour en faire des lieux de méditation, et elles ont bien senti, après avoir fait ça, qu'il y avait vraiment un allégement. En même temps, on peut aussi faire évaporer l'eau. Vous dites tout haut : «J'ai l'intention que tout se purifie, s'allège et s'illumine un peu plus...»

L'eau diamant fait un travail selon ce dont l'âme a besoin. Vous verrez bien, selon les gens à qui vous allez la donner, ceux qui ne sont pas prêts pour une intention. Même vous, il ne faut pas forcément mettre des intentions tout le temps et que ça devienne une méthode. Il se passe des jours entiers où je bois l'eau diamant sans intention, ou alors c'est l'intention toute bête d'être en forme, ou de bien dormir cette nuit, des choses simples, pratiques, concrètes. Et parfois il y a des choses plus importantes qui viennent, mais ce n'est pas clair. Dans ce cas-là, je demande aussi à l'eau qu'elle m'aide à discerner l'intention qui serait la plus juste, de ce que j'ai à conscientiser en tout cas : «Voilà, aujourd'hui j'ai vécu ça, je ne comprends pas bien, qu'est-ce que ça veut dire ? J'ai l'intention d'y voir clair.» Et vous pouvez être sûr que le soir même, ou un jour après, ou deux jours, il y aura une prise de conscience intérieure qui éclaircira et confirmera tout ça.

On peut demander aussi de comprendre. Si quelqu'un demande que l'eau guérisse telle maladie, autant qu'il aille voir le curé et se confesser, ça ira mieux. Il est certain qu'il y a des gens qui demanderont pour eux qu'un problème disparaisse, et ça ne marchera pas, parce qu'ils l'auront demandé d'une manière égoïste, pour leur confort. Or l'eau diamant n'est pas un suppositoire; elle n'est pas faite pour calmer un bobo sans qu'il y ait une prise de conscience.

Si la plupart des gens continuent d'agir comme cela avec l'eau diamant, ils vont recevoir une claque qui va leur faire comprendre ! Parce que l'eau utilisée comme cela, ça ne veut rien dire. Bien sûr, quelquefois la personne va utiliser ce langage, mais dans son âme elle a un niveau de conscience qui est déjà plus loin, et dans ce cas-là, sa demande n'est pas vraiment égoïste même si elle a été formulée égoïstement.

Donc, là aussi, c'est subtil, c'est délicat, ce n'est pas évident. Je vais vous donner un exemple. Il s'agit d'une dame de 70 ans, qui est gravement malade. Elle est très dynamique sur le chemin spirituel, mais pas ancrée du tout, c'est-à-dire qu'elle se gargarise émotionnellement de « channeling » venant de l'archange Michaël et de tous ces êtres, merveilleux bien sûr, mais qui viennent à travers différents « channels » et différents médiums. Alors elle fait venir des gens, elle fait ci, elle fait ça, et elle vit comme une petite fille, toute contente, et se considère comme avancée. Je n'ai rien dit, j'ai laissé faire tout ça, et elle a pris l'eau diamant. Bien sûr, la plupart de ces gens-là ne savent pas mettre d'intentions, parce qu'ils sont encore au stade catholique. Avant c'était Ste Rita, St Machin, St Truc, maintenant c'est plus le même hit parade, mais ça revient au même. Alors, elle a bu l'eau diamant, mais avec des intentions égoïstes pour être soulagée physiquement. Ça n'a jamais marché. Après en avoir bu pendant 3 ou 4 mois, elle est tombée dans une dépression incroyable. Je n'ai plus eu de nouvelles pendant 7 mois, et je me demandais même si elle n'était pas décédée. Au bout de quelques mois j'ai eu des nouvelles par d'autres, qui m'ont dit qu'elle ne voulait plus entendre parler de rien : plus de chemin, plus d'évolution, plus rien, elle a tout laissé tomber. Maintenant, elle mange, elle regarde la télé, elle va se coucher, elle se soigne à la cortisone, et terminé.

En fait, elle a vécu un travail d'amour incroyable. L'eau diamant l'a fait retomber pour l'ancrer dans la réalité. Elle m'a téléphoné un peu avant que je vienne ici pour m'expliquer ce qu'elle a vécu. Je lui ai dit : « Tu as reçu un beau cadeau. Maintenant, au lieu d'aller pleurer aux petits anges, tu vas prendre ta responsabilité sur ton dos et tu vas avancer. Et maintenant, l'eau diamant va agir. » Donc cette eau a fait grandir sa conscience. Mais dans son cas, il fallait que le véhicule soit un peu cassé, parce que la maladie, c'était pas suffisant pour le casser ! Il a fallu ça en plus. C'est une dure.

Voyez donc le genre de choses que l'eau diamant fait vivre parfois, mais c'est quand même assez rare. C'est le seul cas que je connaisse où il s'est passé quelque chose d'aussi costaud.

Question : De quelle nature sont les 3 électrons qui font que l'eau devient atome diamant ?

À mon avis, ce serait des particules subatomiques du style boson. Je n'y connais pas grand-chose. En fait, les bosons ont été découverts en 1967 hypothétiquement, par deux physiciens dont j'ai oublié les noms. Ensuite ils ont été captés scientifiquement en 1993, au CERN de Genève. Je sens que l'eau diamant possède ces particules-là, les bosons, qui sont en fait des grains de lumière, comme des photons mais particuliers. Il semblerait que les bosons soient des empêcheurs de tourner en rond ! Par exemple, si on mettait le couvert sur une table, pour un repas, avec une serviette de table nominative pour chacun, automatiquement les gens qui viendraient manger chercheraient la place où se trouve leur serviette. Et le boson viendrait changer toutes les serviettes de place ; ça ferait bouger les gens C'est peut-être dans ce sens-là que l'eau diamant mettrait un genre de grains de sable dans l'engrenage du robotisme cellulaire, pour amener la personne à se transformer et à changer d'optique dans sa vie ... On verra, avec l'expérience.

Question : « On passerait donc du temps linéaire au temps circulaire et vertical ?

Oui. Là on va loin, très loin. Il faut savoir que tout ce qui est dans le passé, dans le futur et dans le présent, est réuni au point focal du temps, au point potentiel du temps, et que dans ce triangle du temps, quand quelque chose s'est produit là, il se répercute ici, autant de siècles et de millénaires plus tard, selon la rapidité du temps et de l'espace, qui est proportionnellement conséquente à la rapidité de la vibration activée par la conscience de l'individu. Autrement dit, quand on a une conscience animale un peu lourde, on va dire mammifère, pour un événement que l'on va produire maintenant on aura la complémentarité de polarité inverse qui ne viendra que dans un siècle ou deux. Alors que si on est dans une rapidité de fréquence et de mouvance intérieure dans la conscience, on peut avoir la complémentarité dans une heure.

En vérité, dans d'autres plans de conscience, dans d'autres dimensions, que l'événement arrive dans un siècle ou deux ou dans une heure, ça ne fait pas de différence, c'est la même chose. Et il semblerait là que dans les rythmes du temps et de l'espace il y ait aussi une suite de nombres, que j'ai trouvés d'ailleurs, avec lesquels je suis en train de faire des expériences pour — je vais le dire — déprogrammer le subconscient des zones géographiques de la Terre mère. Parce qu'il faut savoir que l'endroit où l'on s'incarne est le miroir des mémoires que nous avons en nous. On ne s'incarne pas librement où on veut, tant qu'on n'est pas arrivé au stade de maître. Donc, je vous laisse déduire ce qui peut se passer si on déprogramme ce qu'il y a sous la terre.

Question : Avec le phénomène d'accélération accessible dans les quelques dizaines d'années qui viennent, on pourra donc rencontrer notre Identité véritable ?

Exactement, bien sûr. Cette accélération de conscience, même individuellement on peut déjà la vivre, selon la puissance que l'on peut mettre pour arriver à ce que quelqu'un disait tout à l'heure : l'amour, l'amour, l'amour.

Question : Donc, c'était possible avant même le quadrillage de la nouvelle conscience ?

C'était possible, mais plus difficile, bien sûr, parce que les initiés d'avant ont dû souffrir beaucoup plus longtemps pour y arriver, et c'est grâce à eux qu'on y arrive maintenant plus vite. Peut-être bien que lorsqu'il y aura 3 ou 4 millions de personnes dans le monde qui auront fait ce travail avec des tas de méthodes, plus l'eau diamant, plus tout le reste, car tout cela fait partie d'un puzzle, d'un plan, automatiquement toutes les jeunes générations vont arriver très vite à faire des choses extraordinaires, sans avoir besoin de passer par les chimères que l'on a vécues.

Question : Est-ce que cela fera l'économie du travail sur l'orgueil et sur l'ego ?

Je crois que oui. Car le but du changement de l'ADN c'est de se désidentifier de ce que nous croyons être. On croit qu'on est Jacques, André, Joël, Dominique, Jacqueline etc., mais on n'est pas ça. Et ça, c'est encodé dans nos cellules. On croit qu'on est une âme incarnée : on n'est pas ça non plus, c'est encore un masque, une illusion. On est cette essence, qui se trouve présente dans le vide atomique. Branchez-vous en méditation sur le vide qui est entre le noyau de l'atome et la brume de l'électron. Vous allez sentir vos corps en expansion et vous allez devenir tout ce qui existe. Et ce n'est alors plus vous qui faites partie du monde, c'est le monde qui fait partie de vous. Vous devenez Dieu, parce que Dieu est là. C'est vraiment très fort.

Cela, pour moi, c'est l'Identité réelle. Les autres identités, comme l'âme — avec son sac de mémoires que j'appelle *le sac poubelle de l'âme* qui vient sur la terre — et le véhicule qui s'appelle Jacques, André etc. Ils sont utiles, tout comme les casseroles, les bouteilles, les bagnoles, mais ce n'est que ça. C'est en même temps merveilleux, mais ce n'est que ça. Et je crois que l'orgueil et l'ego c'est d'être attaché à cette identité. C'est pour cela que tous ceux qui sont très forts dans l'ego — comme j'ai pu l'être et le suis peut-être encore sans le savoir — ont besoin d'avoir beaucoup de choses, soit des biens matériels, soit beaucoup de connaissances mentales, soit un *look* de *play-boy*, car cet avoir cache le non-être. Je pense que les avoirs sont souvent les échafaudages de l'ego, parce que l'ego n'étant pas vivant, il se détériore ; il ne se renouvelle jamais ; il ne se multiplie pas, lui, donc automatiquement il faut beaucoup d'avoir, et c'est cet ego que l'on déprogramme peu à peu.

Car dans l'humanité, il n'y a pas 6 milliards d'humains. Pour moi, il y a 6 milliards de cellules qui incarnent un seul être humain. Et nous faisons tous partie de cet être humain. Mais comme tout est fractal, et hologrammique, nous avons aussi tous cet être humain qui est Christ en nous. Dans l'holographie (qui est une image en 3 dimensions), l'image est photographiée sur une plaque sensible de verre. Si cette plaque de verre tombe et se brise en miettes, dans chaque miette vous pouvez retrouver toute l'image. Donc tout est en tout, comme le chêne est dans le gland. Ce n'est pas facile pour notre petit cerveau ! Je reconnais que j'ai eu bien des misères à comprendre, et ce n'est pas parfait.

Nous devons comprendre que dans le monde actuel, les pédophiles, les violeurs, les islamistes arabes qui massacrent, ou les Juifs qui en profitent pour affirmer leur souveraineté, ou les Russes qui font autre chose, sont tous des parties de nous. Le jour où on aura déprogrammé ça, en nous, ils vont s'arrêter, ils ne pourront plus faire ça, ils ne pourront plus, c'est nous qui les alimentons. Chaque fois que l'on formule un jugement, «T'as vu celui-là comme il es moche ?» ou «T'as vu celui-là ce qu'il est bête, et fainéant ?» ou même sans le dire si on le pense, on émet des fréquences de ce niveau-là.

Ces fréquences multipliées par 1, 2, 3, 4 millions, 10 millions, 1 milliard d'individus forment un nuage de pollution dans les corps qui entourent la terre, et qui sont en quelque sorte son aura. C'est comme si dans notre corps physique on avait une grosse tache sombre ici, produite par les jugements de nos cellules. Que va faire cette tache sombre, si ce sont des énergies de jugement, de racisme, de séparatisme ? Elle va être attirée vers l'organe qui va l'exprimer. Qui va l'exprimer ? Ce sera peut-être les surrénales. Et une fois que ces énergies vont arriver aux surrénales, la personne va être poussée à cogner. Elle va aller au bal, le samedi soir, elle va boire un coup et aller casser la figure à quelqu'un.

Qu'est-ce qui se passe sur terre quand il y a un égrégore de formes pensées qui viennent de nous, dans notre petite réflexion de chaque seconde ? Hé bien, il est attiré vers un peuple paratonnerre dont les âmes sont moins avancées, et en l'occurrence dans ce système actuel, se sont les peuples qui expriment le fanatisme. Et eux, en tuant des gens, ils nettoient l'aura de la planète. C'est pourquoi l'apôtre Paul a dit : «Il n'y a pas de pardon sans effusion de sang». Mais si on décode avant, il n'y a plus besoin de faire cet égrégore. Je reconnais que j'ai en moi des énergies de racisme, de jugement, ou de violence. Je reconnais, avec humilité, que j'ai ça en moi, que je ne suis pas parfait, que je suis loin d'être parfait. De toute façon si j'étais parfait je serais mort, car lorsqu'on est parfait on ne bouge plus, et ce qui ne bouge plus est mort. Donc, la perfection, c'est aussi une illusion.

Donc, j'accepte que j'ai ça en moi. Ce travail, ça marche sans eau diamant, mais avec l'eau diamant, en 6 ou 7 semaines on décode déjà une bonne couche. Si on fait ça, automatiquement on nettoie aussi tous ces égrégores, et on ne nourrit plus les peuples qui se servent de nos énergies pour se battre et se tuer. Je peux le voir dans des petits enfants, et dans des animaux. Dans une famille où il y a un couple qui semble vivre convivialement, mais au sein duquel il y a des tensions, des choses conflictuelles dans l'énergie, s'il y a 2 chats ou 2 chiens, ils vont se battre. Pourquoi ? Parce qu'ils deviennent paratonnerres, par amour pour leurs maîtres. Il m'est souvent arrivé dans le passé d'enlever des énergies, des larves, des miasmes dans les auras. Quinze jours après, le chat de la maison mourait. C'était ça, les sacrifices, dans les temps anciens. On offrait un pigeon, un mouton, à telle période de la lune, avec un grand prêtre qui était fort dans l'énergie, et automatiquement il y avait un nettoyage de l'aura, qui ne se répercutait pas dans la génétique, mais qui permettait à la lignée royale, davidique etc. d'être un peu plus pure que les autres.

Question : Est-ce que l'exorciste des temps modernes peut être considérablement aidé par l'eau diamant ?

Je pense que oui, tout à fait, même en l'utilisant comme eau bénite. Il y a un ecclésiastique qui en met dans ses bénitiers. Il faut dire que c'est un curé antipape. Il a 70 ans et a déjà compris plein de choses. Il vient à mes conférences et il boit l'eau diamant, il en met dans ses bénitiers, il en donne à ses paroissiens. Il est assez ouvert, bravo, c'est quelqu'un qui a une vraie recherche.

Réponse à une question.

Oui, si vous connaissez des enfants qui sont médiums, et un peu « bizarres », donnez-leur l'eau diamant, ça va beaucoup les aider à s'ancrer. Sinon, le suicide les attend. Je le sais, ma fille a failli y passer. C'est très dur pour eux, très dur de vivre dans un monde aussi primitif que celui-ci.

Question : Je suis boulanger, et je mets de l'eau diamant dans ma pâte. Je voudrais savoir s'il est possible de mettre de l'eau diamant dans le levain ?

J'ai l'impression que le levain doit réensemencer les codes. Mais faites l'expérience. Est-ce que ça va quand vous faites le pain avec l'eau diamant et le levain ? C'est super, et vous mettez tout votre amour dedans. C'est sûr que vous allez faire évoluer les gens. Par contre, avec la levure chimique, l'eau diamant empêche la fermentation. Je sais qu'on n'a pas besoin de levure pour faire du pain, c'est ce que m'a dit une dame qui fait son pain sans levure, sans levain, sans rien. Il y a des personnes qui ont fait des gâteaux à l'eau diamant, et ils n'ont jamais monté.

Si vous avez une bassine d'eau ou une nappe d'eau qui devient verte et sent la vase, mettez un peu d'eau diamant dedans, et le lendemain ça ne sent plus. Si vous avez près de chez vous des eaux un peu marécageuses qui sentent mauvais, à cause de la chaleur quelquefois, allez en verser, ça va arrêter la fermentation.

Intervention : « J'avais mis une bouteille d'eau diamant près d'un four à micro¬ondes, et elles ont détruit les vibrations de l'eau. »

C'est très possible, car les micro-ondes sont des ondes très mortelles. Mais avez-vous fait l'expérience de laisser cette eau se reposer un moment dans un autre endroit pour voir si elle reprenait son taux vibratoire ? Non ? Faites-le à l'occasion, car la différence entre cette eau et une eau énergétique que l'on pourrait faire avec des baguettes de platine, des cristaux etc., c'est que ces eaux énergétiques, qui sont très bonnes, ont augmenté, ont mis des mémoires énergétiques dans l'atome existant, tandis que dans l'eau diamant c'est une autre molécule, donc elle peut refaire son énergie. D'ailleurs elle peut changer de goût, vous verrez. Ainsi, le jour où vous recevez des amis chez vous, par exemple un alcoolique, un dépressif et un drogué, et qu'ils passent la journée chez vous, vous n'oserez pas les mettre dehors mais vous saurez que votre maison est bien polluée. Votre eau, le soir, risque de sentir mauvais et d'être un peu trouble. Ne la jetez pas ; attendez, elle va s'auto-purifier, parce que c'est vivant, c'est quelque chose de différent. Faites l'expérience.

Question : Pour les stations d'épuration, y a-t-il quelque chose à faire ?

Certainement. Moi, quand je voyage, j'ai toujours une bouteille vide dans mon coffre, et quelquefois je fais de l'eau diamant avec de l'eau du robinet de l'hôtel, et lorsque je passe devant une rivière, un lac ou de l'eau pourrie, je la verse dedans ; même dans la mer. Dans une grosse station d'épuration — si quelqu'un accepte de verser de l'eau — il en faudrait une dizaine de litres tous les deux ou trois jours, à des endroits différents pour qu'elle se multiplie rapidement. Et il y aurait certainement un effet, ça, j'en suis sûr.

Actuellement, en France, il y a trois sites extrêmement pollués aux métaux lourds : la Sologne, le Beaujolais, et une région dans les Ardennes. Il serait judicieux de verser l'eau diamant dans les rivières et les lacs de ces régions.

Intervention d'une personne qui parle des aquariums.

Un jour il y une dame qui recevait une amie, et une grosse fuite se produisit dans sa salle de bains, où il y a des toilettes. Tous les excréments des voisins du dessus s'étaient répandus dans la salle de bains. C'était un vrai «merdier», c'est le cas de le dire, avec une odeur pas possible. Elle s'est posé la question : «Pourquoi cela m'arrive-t-il ?» Ça, c'est ce qu'il faut faire. Et son amie lui dit : «Tu sais, on n'a qu'à mettre de l'eau diamant là-dedans.» Cette dame n'en avait pas encore, mais son amie en avait apporté et elle a vaporisé une petite quantité d'eau sur ce magma d'excréments qui dégageait une odeur pestilentielle, et au bout d'une heure elles se sont rendu compte qu'il n'y avait plus aucune odeur dans la salle de bains. Le magma était devenu une crème un peu onctueuse qu'elles ont ramassée délicate-ment dans un seau. Un plombier est venu et elles ont vu que la fuite venait de bien plus haut. Elles ont compris qu'en elles il y avait aussi des tuyaux bouchés par de vieilles mémoires, et qu'il fallait s'en occuper.

Donc, l'eau diamant a une action de dépollution à ce niveau-là, quand ce sont des matières organiques telles que les matières naturelles de l'homme. Alors pour les poissons, à mon avis, ça devrait marcher assez bien, peut-être en changeant l'eau une fois par an seulement quand il y a de l'eau diamant dans l'aquarium. Je ne sais pas, il faut voir.

Une pollution qui joue sur l'être humain joue aussi sur l'eau. Il est certain que si on met cette eau au-dessous d'un gros pylône de haute tension, elle va s'altérer. Mais ce que je crois, c'est que si on l'enlève de cette pollution, elle va se régénérer. Le principe n'est pas rendu inactif pour toujours, parce qu'il est vivant ; il est divin donc vivant. Faites l'expérience. C'est un peu comme si vous faisiez travailler un être humain à Paris dans le métro pendant un mois, en mangeant au restaurant tous les jours et en dormant 3 h par nuit, et après vous le prenez et vous le mettez à Chamonix. Hé bien l'eau, c'est pareil. Elle va se régénérer, ça, j'en suis sûr parce que c'est vivant.

J'ai vu une eau qui sentait la vase pourrie. Quand la personne a compris pour-quoi, l'eau sentait ensuite de nouveau bon. L'eau lui avait servi de miroir. Autre exemple, il y a une dame qui était très méfiante envers l'eau diamant. Une amie lui a dit : «Tiens, essaye, j'ai reçu une eau, c'est pas mal, essaye pour voir.» Elle lui répondit : «Oui mais on ne sait jamais, c'est peut-être le diable là-dedans.» Alors elle l'a prise, avec un compte-gouttes. Si c'est sa vérité, pourquoi pas ? Elle a mis quelques gouttes dans la bouche. Cette femme a eu pendant 2 ou 3 heures des douleurs d'estomac terribles, alors qu'elle n'avait rien à l'estomac. Alors, son amie m'a téléphoné le lendemain en demandant pourquoi il était arrivé ça à son amie. Je lui ai dit : « L'eau diamant lui a montré sa méfiance. Maintenant, dis-lui qu'elle en boive au verre, en ouvrant son cœur à l'amour. »

Donc, méfiez-vous des gens qui disent ceci ou cela. Ils voient exactement dans cette eau ce qu'ils sont eux-mêmes. Et si jamais il y a des gens qui ne doivent pas la prendre, n'insistez pas pour qu'ils la prennent, parce qu'ils vont perdre le flacon, il va se casser, ils vont l'oublier, vous allez en redonner un autre et il va se passer la même chose, et 15 jours après ils vont en redemander et ils vont de nouveau la perdre, ou on va la leur voler ou autre chose. N'insistez pas dans des cas-là, c'est qu'ils ne sont pas prêts.

Question sur la façon d'encoder.

Je donne l'eau gratuitement. Certains achètent l'encodeur pour programmer des huiles essentielles, ou des gélules, ou des produits de beauté. Donc je partage complètement, je lâche prise, et à la limite si je viens parler de l'eau diamant c'est qu'on me l'a demandé, parce qu'au début, ce n'était même pas prévu. J'ai lancé cette eau, mais j'ai d'autres choses à faire. Quand on me l'a demandé, j'ai senti que c'était juste, donc je le fais. Je n'avais pas bien compris au départ que c'était ça.

Ce qui vous intéresse, c'est que j'explique la manière dont je mets les codes ? Ce que je vais surtout expliquer, dans le cours de demain, c'est comment changer le film de la vie, en décodant, en déprogrammant la pellicule — la bobine de film qui tourne dans notre subconscient — sans rien corriger à l'extérieur ; simplement effacer la pellicule plus vite avec l'eau diamant. Ce n'est pas facile à expliquer, et ce n'est pas facile à pratiquer, mais c'est vraiment la clé que je peux vous transmettre et ensuite vous allez trouver le trou de serrure pour la mettre dedans. C'est vous qui allez encoder. C'est vous qui allez encoder l'eau pour déprogrammer et transformer votre véhicule. Bien sûr, on peut le faire sans l'eau diamant.

Les codes sont faits pour que l'eau puisse recevoir votre programmation. C'est comme si vous preniez par exemple une bande de plastique et que vous en fassiez une bande magnétique. C'est la différence entre l'eau diamant et une autre eau qui est peut-être moins sensible, moins dans cette intelligence et dans cette vie.

Question : Peux-tu nous parler des utilisations que l'on peut faire de l'encodeur ?

Déjà, on peut mettre des intentions dedans : soulager une colère, une peur. Il m'arrive parfois de dormir avec. Par exemple dans un hôtel, s'il y a des ondes nocives, je suis tellement sensible que je ne dors pas. Alors je le prends et je dors avec, ça va mieux, je me repose. Il est sensible à la musique. Quand on met une musique bien spéciale, bien énergétique, on le sent, il se met à chauffer. On peut le mettre à l'endroit où on a des douleurs. Il y a des kinésiologues qui l'utilisent : soit ils le donnent à leurs clients, ou ils le prennent pour tester avec leurs mains, je ne sais pas trop comment ils font.

Par contre, sur un plan plus pratique, il y a un monsieur qui fait de la distillation d'huiles essentielles qui encode ses huiles essentielles avec ça. Il dit que c'est étonnant, parce qu'il laisse l'encodeur tremper 3 jours, mettons dans un litre d'huile essentielle, et le parfum change. Il est aussi utilisé par une firme de produits de beauté. Cet encodeur est nécessaire pour encoder des choses où on ne peut pas utiliser l'eau diamant, comme les huiles essentielles. Mais si quelqu'un fait un produit à base d'eau, il utilise l'eau diamant et n'a pas besoin de l'encodeur.

Sur un plan individuel, on peut méditer avec. Si on met une intention dedans, dès que l'effet de l'intention a agi sur vous, l'intention s'efface. L'encodeur n'est pas personnel, il peut se prêter. Il agit même à travers un sac à main. Maria l'a utilisé un jour qu'elle passait un examen, dans son sac, sur ses genoux, et tout le stress est parti dedans, discrètement.

Question : Est-ce qu'on peut mettre de l'huile essentielle immergée dans l'eau diamant ?

Oui, l'encodage passerait dedans, absolument. Tu tremperais le flacon d'huile dans de l'eau ? Oui, mais comme l'huile est beaucoup plus longue à encoder que l'eau, il faudrait alors le laisser au moins une nuit.

Question : Si je fabrique des élixirs de pierres avec de l'eau diamant, est-ce encore utile de mettre la pierre dedans ?

Oui, absolument, c'est utile de mettre la pierre dedans, mais tu vas pouvoir amplifier l'effet de la pierre. Et tu peux purifier tes pierres, tu peux mettre des intentions dans tes pierres d'une manière plus puissante, à travers l'eau diamant. Même si vous prenez des traitements à base de plantes (phytothérapie, homéopathie), ou même un médicament allopathique — contre le diabète par exemple — vous pouvez mettre l'intention, en buvant votre produit avec l'eau diamant, qu'il soit beaucoup plus guérissant et agisse vraiment selon ce dont vous avez besoin.

Question : Est-ce qu'un code est corpusculaire ? Les codes que vous mettez sont-ils cor-pusculaires ? C'est pas du pur esprit, un code ?

Non, ça dépend ce que vous entendez par pur esprit. Car c'est toujours le même problème, si on dit pur esprit, c'est qu'il y a des choses encore impures. Bon, je vais vous donner un code. Par exemple, dans un de ses livres, Kryeon parle d'un code qui est le 9944. Avec ça, on peut faire plein de choses en multiplication, division etc., et on trouve là des jeux de chiffres que je transforme en sons, et en les jouant au synthétiseur devant mes tubes, ils s'encodent, c'est programmé dedans. Donc je ne comprends pas la notion de corpusculaire.

Parce que l'informatique, c'est corpusculaire, puisque les électrons...

Oui, mais là je n'y connais rien...

Moi non plus, mais on sait bien que l'informatique c'est corpusculaire.

Vous me l'apprenez, merci.

Alors je pensais que les codes pouvaient l'être aussi.

Peut-être bien, mais je n'en sais rien. Ce que je sais c'est que lorsque je canalise et que je joue ces sons, automatiquement il y a des énergies qui sortent de mes corps, sous forme de rayons, comme des petits lasers, et qui viennent se mettre dans la spirale d'ADN qui est dans l'encodeur. Car en fait cet encodeur, c'est un ADN, c'est pourquoi on m'a dit dans le rêve que je vous ai expliqué, que ça s'appelait ADN 850. En fait, c'est un ADN encodeur.

C'est pas un ADN biologique, qui vient de la biologie ?

Il n'est pas extrait d'un corps humain, ni d'une plante, ni de rien. C'est un ADN de lumière.
Alors, ce qui est là, c'est un ADN, piégé dans ce tube, tout simplement. Si on pouvait avoir tous nos filaments d'ADN comme cet ADN qui est là-dedans, on serait tous des maîtres, parce que là il n'y a plus de passé, plus d'avenir, plus de karma, plus rien. Il y a juste des codes d'un niveau d'évolution. Mais c'est vrai que les codes qu'il m'a été donné de mettre ont été mis en 3 ans. Et au fur et à mesure

que les gens et moi-même avancions dans la conscience, on me faisait mettre une autre série de codes, mais pas tout, tout de suite. Et là, depuis le mois d'avril-mai, je n'en ai plus mis un seul. Et peut-être qu'en octobre on va me dire : « Allez, hop, on en remet une cinquantaine ». Pourquoi ? Parce que vous en aurez peut-être besoin et moi aussi à ce moment-là.

Dans cette recherche, je ne peux rien faire de mon propre chef ni de ma propre volonté, à tel point même que si le jour où je dois chercher je m'en vais au cinéma, je prends une baffe : autrement dit, j'ai des douleurs, ça ne va pas, le bus tombe en panne, il y a une déviation, j'arrive trop tard, le film est moche, j'ai une mauvaise place avec des gosses qui crient ! Voilà. J'ai souvent fait l'expérience, et maintenant je ne lutte plus du tout.

Pour ce qui est de l'eau diamant, c'est vraiment vivant. Je vais vous raconter une histoire que l'on a vécue la semaine dernière. Vous voyez ce petit vaporisateur ? On l'a toujours. On était à Carcassonne vendredi et on est allés manger à la Cité, le soir. Et, comme toujours, on vaporise l'eau sur nos assiettes. Le repas terminé, on sort, et on commence à rentrer. À ce moment-là, Maria me dit : « Mon repas ne passe pas, j'ai la nausée, j'ai des douleurs ici, ça ne passe pas. » Alors je lui dis : « Tu n'auras qu'à prendre l'eau diamant une fois rentrée, avec l'intention de bien digérer. » Et là elle comprend qu'elle a oublié le flacon sur la table du restaurant. Une fois le flacon récupéré, c'était terminé, tout allait bien. Voyez comme c'est vivant ? Ça paraît rigolo quand je dis des choses comme ça ; ce n'est pas compréhensible par tout le monde. C'est une autre dimension, c'est vivant.

Cours sur l'Eau Diamant

Je vais maintenant vous donner un petit cours de naturopathie très simple, très court, très schématisé, pour que nous puissions comprendre que la maladie ne vient jamais de l'extérieur. Ce qui vient de l'extérieur est révélateur d'un état d'encrassement des humeurs, donc du sang, de la lymphe et des liquides cellulaires dans le corps, et le coup de froid, le microbe ou le changement émotionnel ne sont que des moyens réflexogènes pour révéler ces choses. Vous allez comprendre ensuite que les événements de notre vie sont souvent aussi des moyens réflexogènes pour faire émerger des mémoires que nous avons oubliées à cause de l'amnésie de l'incarnation.

Bien sûr, ce que je vous dis là est très schématique et généralisé ; il y a plein d'exceptions à toutes ces choses, comme dans toutes les règles. Le tube digestif de l'homme est un tube digestif non pas d'omnivore, comme on l'a appris à l'école, mais de frugivore, un peu comme les grands gorilles d'Afrique qui se nourrissent d'écorces et d'un petit carnivorisme non sanglant : œufs, miel, insectes, ou petites souris à l'occasion. Mais comme on nous a enseigné que nous étions omnivores, nous avons appris à manger de tout, mais au détriment bien sûr de la jeunesse et de la vitalité du système digestif, qui à un moment donné commence à ramer et à encrasser le corps avec des toxines cristalloïdales ou colloïdales.

Là-dessus, quand on arrive à un certain encrassement physique, au niveau du sang, de la lymphe et des liquides cellulaires, ainsi que de tous les systèmes creux comme les poumons, les boîtes articulaires, le cerveau, les seins et l'utérus chez les femmes, on arrive alors à créer dans notre corps des marécages, des stases, qui sont un peu la même chose que les mémoires du subconscient dans nos cellules.

J'ai fait ici un petit tableau. Vous avez deux catégories. Quand on mange trop de produits animaux, c'est-à-dire, en allant du plus encrassant au moins encrassant : les charcuteries, les viandes faisandées, les viandes rouges, les poissons gras, les poissons maigres et enfin les fromages cuits (gruyère, comté...) les fromages fermentes (brie, camembert) et les fromages frais, on accumule dans le sang beaucoup d'acides, des acides qui viennent de la décomposition de la viande, des produits animaux et sous-animaux (fromage, lait...). Ce qui ne veut pas dire qu'il ne faut pas en manger, attention. Je vous donne une idée très schématique.

Ces acides dans le sang sont normalement éliminés par le système urinaire (reins et vessie), et éventuellement par les glandes sudoripares quand on transpire. Mais à un moment donné, pour tout le monde, ces acides ne sont pas bien éliminés. Le ph du sang fait environ 7,35. S'il descend en dessous de 7,20, on meurt parce que le sang devient trop acide. C'est le problème des diabétiques quand ils font une acidose et tombent dans un coma diabétique.

Ce sang devenu acide va peu à peu commencer à décalcifier, à ronger la charpente squelettique, et notamment les cartilages qui sont des os plutôt mous, plutôt moelleux, et le calcium de ces cartilages va s'associer à l'acide qui est dans le sang (qui peut être un acide phosphorique, urique, carbonique etc.) pour former des sels. En chimie, si vous mettez un acide sur une base, mettons de l'acide chlorhydrique sur du sodium, ça donne du chlorure de sodium, c'est-à-dire du sel de table. Et ce sont ces petits cristaux que l'on peut trouver quelquefois le matin dans les yeux. Ils viennent de la décantation de ces acides avec le mélange du squelette dans les larmes et le liquide de l'œil. Ce sont aussi ces petits cristaux que l'on entend quand on tourne la tête, on entend du gravier, c'est ça aussi.

Ces petits cristaux vont aller s'installer d'abord, pour la plupart des gens, dans les boîtes articulaires : les genoux, les chevilles, les coudes, les interstices intervertébraux, mais également les osselets des oreilles, pour former la surdité ; ils vont pouvoir se mettre derrière la pupille, avec l'âge, pour former la cataracte, ils vont se mettre dans la peau en cas d'élimination pour faire un psoriasis, un zona. Ils vont se mettre dans la vésicule pour faire des cailloux, dans les seins pour faire des kystes, et des fibromes quand ils se mettent dans la fibre de l'utérus chez la femme, sous forme de granulés ou même de balles de tennis ; et bien d'autres choses. Par exemple, l'arthrose déformante ou le rhumatisme, ici dans nos pays, donnera la lèpre dans les pays chauds, mais c'est la même maladie. C'est parce que la radiation de certains pays provoque une autre réaction, ainsi que la génétique de la race. Mais là on va dans des détails très compliqués que je ne veux pas essayer de comprendre.

Alors, de temps en temps, on reprend un peu de vitalité, parce qu'on est parti en vacances, ou bien on a fait des prises de conscience, ou on a changé un peu notre alimentation, ou on a amélioré nos schémas intérieurs. Alors, la vitalité du corps augmente. Qu'est-ce qui se passe ? On va faire une crise d'élimination, qui sera échauffante, brûlante, douloureuse, comme la pharyngite, l'angine, la conjonctivite, le zona, les crises de rhumatisme. Bien sûr, à cet encrassement alimentaire viennent s'ajouter les mémoires karmiques, les mémoires cellulaires, associées à l'habitude génétique des parents (par exemple, des parents qui ont eu des problèmes aux intestins depuis des générations : le point faible familial est là, donc c'est là que ça va s'encrasser le plus chez le descendant) ; mais aussi le signe astrologique, l'endroit où l'on vit, le climat, les relations psychiques et émotionnelles avec la personne avec laquelle on vit, la profession qu'on exerce, le sommeil etc. Donc, pour soigner vraiment une personne, il faudrait vivre un an tous les jours avec elle pour voir tout ce qu'il y a à faire, et c'est un boulot immense. C'est pour cela qu'il est impossible de soigner quelqu'un vraiment à fond. Et tant mieux, comme cela les gens se prennent en charge.

Il y a des gens qui ont décidé de ne plus manger de viande et d'être végétarien, et pourquoi pas, puisque la viande n'est pas l'aliment de base de l'homme. La consommation de viande est intervenue après le déluge, quand la terre s'est éloignée du soleil et qu'à cause d'un refroidissement brutal aux pôles et d'un réchauffement à l'équateur, toute cette nappe d'eau qui était au-dessus est tombée sur terre, et l'homme a été obligé (et autorisé, les Écritures le disent) de commencer à manger de la viande pour tenir le coup, sinon il n'aurait vécu que dans très peu de régions sur terre à cause du climat. Mais cela, au détriment de la longévité de son corps physique. C'est à partir de là d'ailleurs que les 4 races — noire, jaune, blanche et rouge — sont apparues, par le fractionnement d'une seule race qui contenait toutes les qualités de ces quatre-là.

Ceux qui ont décidé de ne plus manger de produits animaux, d'être végétariens ou végétaliens, tombent quelquefois dans un extrême où ils mangent beaucoup de céréales, c'est-à-dire de produits qui viennent des graines : les pâtes, le pain, tout ce qui est fait à base de blé, d'orge, de millet, de sarrasin, mais aussi des haricots et autres légumineuses, qui sont déjà un peu plus digestes, des lentilles, tout ce qui est graines en fait et tout ce qui est fait avec ces graines : les biscottes, les crêpes etc. Ce qui ne veut pas dire que c'est mauvais non plus ou qu'il ne faut pas en manger, parce que lorsqu'il fait froid l'hiver, la digestion lente de ces aliments produit des calories qui font que l'on n'est pas trop frileux. Un esquimau ne pourrait se passer ni de viande, ni de céréales, sinon il ne vivrait pas 10 ans sous son climat. Mais bien sûr, les esquimaux ne vivent pas vieux. À 45 ans, ce sont déjà un peu des vieillards, et les femmes sont ménopausées vers 38 ou 40 ans.

Alors, normalement, les graines sont bien sûr prévues pour les granivores qui, eux, ont un gésier et un jabot germoir permettant de transformer l'amidon des céréales en maltose, en dextrose et en glucose. Mais comme nous n'avons pas ça, nous faisons cuire les graines sur un feu trop brutal, et la transformation n'a pas le temps de se faire. C'est donc le foie et le pancréas qui se farcissent tout le boulot. Ce qui fait qu'un plat de pâtes, ça peut aller jusqu'à 12 à 20 heures de digestion pour le foie et le pancréas, et on ne le sent pas. Mais ça demande un gros travail, et comme on sait que ce travail est puisé au niveau de la batterie du cervelet, d'année en année ça épuise le système. Les Esseniens avaient compris cela et fabriquaient un pain de germe de céréales (donc moins d'amidon) et cuit lentement au soleil.

Normalement, ces aliments-là sont digérés par le foie, la vésicule et le pancréas, par les lipases, les amylases etc. À un moment donné, ça se fatigue aussi avec l'âge, et automatiquement on fait dans le sang des déchets colloïdaux, à l'inverse des déchets cristalloïdaux. Les déchets colloïdaux ce sont les matières glaireuses, un peu collantes, que l'on mouche, que l'on retrouve parfois dans les yeux, ou dans les boutons d'acné chez les adolescents, dans les abcès, etc. Quand vous vous coupez et croyez que vous avez une infection, c'est faux, c'est parce que dans votre sang il y a des déchets colloïdaux, et la coupure crée une sortie de secours, qui fait que le corps va intelligemment profiter de ça pour éliminer les déchets. Mais la peau ne peut parfois gérer l'afflux de toxines qui forment alors un lieu idéal pour un développement bactérien, ce qui peut dégénérer en gangrène.

Le corps peut avoir une poussée de vitalité pour les causes que nous avons vues, ou bien à cause de l'accompagnement d'une personne qui a déjà cette crise. Les maladies, pour moi, s'attrapent par l'aura, par l'énergie. Je ne suis pas le seul à le dire maintenant, heureusement. Le Dr Hamer, médecin allemand, dit que même le sida s'attrape comme ça. Ça s'attrape par l'aura, par la vibration, et le microbe, lui, vient après. De même que si on ne nettoyait pas cette salle pendant 10 ans, il y aurait des rats, des cafards, etc., mais ce ne sont pas eux qui auront sali la salle. Alors, s'il y a urgence de mettre des antibiotiques pour tuer les rats, je suis d'accord, mais il ne faudrait peut-être pas laisser les cadavres là. Il faudrait ensuite nettoyer. Ça, c'est encore un peu la non compréhension actuelle, au niveau allopathique.

Quand le corps essaye de faire cette élimination et qu'il y a des déchets colloïdaux. Dans ce cas ce sont souvent des maladies « humides », où on crache, où on fait des diarrhées, où on a des boutons purulents, des abcès mais en général c'est rarement douloureux, c'est rarement fiévreux. C'est la bronchite qui crache, c'est le rhume qui mouche, mais on n'a pas de fièvre, bien qu'il soit rare d'avoir une maladie qui soit uniquement colloïdale ou cristalloïdale, il y a souvent les deux. Dans le cas des fibromes, vous avez souvent un mélange de colles qui ont été amalgamées avec des cristaux pour faire une boule qui va s'installer dans l'utérus. Ceci est bien sûr dû au schéma qu'a la personne vis-à-vis des hommes, notamment du père, avec pour résultat un marécage où le sang ne circule pas bien, et où les crasses s'installent.

Là vous avez le dictionnaire médical : vous avez une maladie qui fait mal, donc il faut stimuler les reins et la vessie ; vous avez une maladie qui ne fait pas mal, qui crache etc., il faut stimuler le foie etc. Vous pouvez le faire avec des plantes, avec l'acupuncture, avec le magnétisme, avec ce que vous avez sous la main. Mais dans

tout cas de maladie, ce qui compte c'est de faire comme les petits chats et les petits chiens et tous les animaux du monde, c'est-à-dire arrêter de manger, et vider
l'intestin. Vous avez vu ce que fait un chien quand il s'est encrassé ? Il ne mange plus,
et il va mâcher des herbes dans les champs, qui lui servent de poireaux et de tisanes
pour nettoyer son intestin, vider les poubelles pour que les toxines puissent y entrer.

Il y a 3 sortes de maladies sur terre. C'est pas du tout spirituel ce que je vous dis
là, mais c'est spirituel aussi, parce que ça fait partie d'un tout. Actuellement, on vit
dans un monde où tout est frelaté, au niveau alimentaire en particulier ; on est parfois esclave de certaines choses, comme moi d'ailleurs, mais il faut savoir qu'il y a
possibilité de se guérir tout seul, sans avoir besoin d'aller voir quelqu'un qui connaît
moins bien votre corps que vous-même, même s'il a un diplôme. Donc les 3 sortes
de maladies sont : *la maladie aiguë, la maladie chronique, la maladie dégénérative.*

Quand il y a des surcharges, mais que la force vitale est encore jeune, comme
chez les petits enfants, d'un seul coup, suite à un changement de climat ou autre
chose, ils vont faire une forte fièvre et des crises pour éliminer. Souvent ce sont des
otites, des pharyngites, parce que l'alimentation les encrasse beaucoup en cristaux.
Quelquefois, c'est parce qu'on leur donne des petits biscuits ou des farines, ce qui
n'est pas bon du tout. Ils font alors une maladie aiguë, c'est-à-dire tempétueuse,
centrifuge — de l'intérieur vers l'extérieur pour éliminer. Si on laisse faire, que l'on
met le gamin à la compote de pommes pendant 2 jours — des pommes cuites pour
ne pas nourrir ni donner de vitamines, ni le faire jeûner s'il ne supporte pas —,
si on utilise des petites plantes, et pourquoi pas de l'eau diamant avec l'intention
d'éliminer plus vite, en 2 jours c'est terminé, il est tranquille, et après il est mieux.
D'ailleurs on le voit à son squelette qui s'épanouit au lieu de se rétracter.

Mais si on refoule sans arrêt avec des antibiotiques et que l'on casse la crise intelligente du corps — parce que ce corps, c'est Dieu —, à un moment donné, avec
l'âge, sa force vitale sera hésitante, elle sera bégayante. Alors elle va monter un peu,
mais plus aussi fort qu'avant. Elle va redescendre, et monter, et il va tomber peu à
peu dans quelque chose que l'on va appeler la chronicité, qui n'arrive qu'à la suite
d'un decrescendo très progressif. Et alors là, il va commencer à être allergique au
pollen ; il va peut-être faire des bronchites asthmatiformes ; il va commencer à être
enrhumé tout l'hiver, ou à mal dormir, à être nerveux ; il va falloir aller chez l'oculiste
pour mettre des lunettes, par exemple, parce que les otites refoulées auront encrassé
le cervelet juste à la pointe du nerf ophtalmique, donc il n'y aura plus le focus et il
faudra des lunettes ; le squelette va commencer à se rétracter, ou alors l'obésité va
se manifester, les deux étant des dégénérescences du type central. C'est d'ailleurs
pour cela que les dentistes maintenant mettent des échafaudages autour des dents,

aux jeunes, en disant que la mâchoire n'est pas assez grande pour les dents. Ce n'est pas vrai, mais à force de donner des antibiotiques sur les pharyngites, otites ou angines occasionnelles, le squelette commence à se rétracter, donc la mâchoire se rétracte, et il n'y a plus assez de place.

Alors il va tomber dans la chronicité, parce qu'en fait, les allergies ça n'existe pas. C'est encore une tentative de réaction mais qui n'arrive pas jusqu'à l'aigu, à des stimuli qui sont le pollen, le poil de chat, les acariens ou autres, qui vont taper dans la muqueuse endonasale (l'arrière nez) qui est tapissée d'un filet nerveux très sensible destiné normalement à capter le *prana* — duquel on peut se nourrir, sans manger, pour ceux qui y arrivent. Ce prana envoie l'énergie au niveau du cervelet, qui pour moi est comparable à la batterie d'une voiture. Le cervelet, lui, récupère les énergies par l'aura qui le matin au réveil retombe dans le corps, et par les 100 métaux — et plus maintenant — de la Table de Mendéléïev, qui servent de petites piles à fréquence. Il redistribue à chaque organe — à la réflexion, à la parole, à la digestion de telle ou telle chose — une longueur d'ondes bien déterminée à chaque travail que le corps physique doit faire. Mais si, à l'endroit du cervelet, il y a du tartre comme dans les robinets, donc des cristaux ou des colles, la conduction électrique se fait mal, et l'organe qui est à l'autre bout ne fonctionne pas bien.

De temps en temps, il y a un sursaut, une stimulation par le pollen ou autre, et il essaye d'éliminer. Mais c'est long, c'est dur, c'est très pénible pour la personne, parce qu'elle n'a pas assez de force pour faire sa fièvre, une bonne fièvre carabinée, et éliminer d'un seul coup. Alors là aussi, on refoule encore, et ce qui arrive souvent, malheureusement, c'est que des personnes qui se sont vu refouler des systèmes allergiques, comme l'asthme, à coups de médicaments, de vaccins etc., à l'âge de 50, 55 ou 60 ans, selon la vitalité héréditaire, ont un cancer du foie ou du pancréas, parce que ces allergies ont été refoulées encore plus bas, et en refoulant plus profondément on cancérise l'individu — c'est-à-dire qu'on enferme les moutons enragés dans la bergerie. C'est un peu ça, au lieu de les laisser courir pour qu'ils s'épanouissent et guérissent. Là, c'est tout à fait le contraire de ce que l'on vous a appris à l'école. Mais dans ce système, il faut souvent se mettre la tête en bas pour avoir la vérité.

Le microbe, lui, vivant dans un milieu pollué, peut aussi muter ; il peut aussi devenir méchant. Par exemple, si nous tous ici dans cette pièce, nous devions vivre ensemble un mois, on se taperait peut-être dessus à un certain moment, et on muterait, parce qu'on n'aurait pas notre espace. Le microbe, c'est un peu ça. C'est comme le chien dans le chenil qui est tout le temps enfermé, vous comprenez ce que je veux dire. Donc, je ne dis pas qu'il ne faut pas utiliser des médicaments allopathiques en moyen d'urgence, je ne suis pas contre, mais c'est comme les pompiers, on ne les appelle pas s'il y a simplement une allumette qui brûle — ici on comprend suffisamment ce qu'il faut faire.

Donc, le meilleur moyen de guérir de ça, c'est de se mettre à la diète et de voir dans quel type d'élimination on est. Et que vous ayez une mononucléose, ou une crise d'asthme, ou une bronchite, il suffit de faire cela et d'avoir la foi que Dieu habite dans les atomes qui constituent vos cellules pour que ça guérisse. Je vous le garantis. Vous pouvez vous faire aider par un thérapeute qui va dans le même sens — un homéopathe, un acupuncteur ou autre — et l'eau diamant qui peut vous aider à éliminer beaucoup plus vite, je l'ai constaté dans de nombreux cas.

On va prendre un exemple que j'ai vécu. Il y a une très jeune fille qui faisait des cystites, et on lui donnait des antibiotiques. Elle en faisait deux ou trois par an, dès l'âge de 2 ou 3 ans, jusqu'à l'âge de 7 ans. Chaque fois, on disait qu'elle avait un microbe dans la vessie et qu'il fallait prendre des antibiotiques. Vers 7 ou 8 ans, cette petite fille n'a plus eu de cystites. Sa vitalité diminuant d'année en année, des problèmes d'équilibre firent leur apparition. À l'âge de 16 ans, c'était la sclérose en plaques, et à 20 ans la chaise roulante. Quand je l'ai prise en mains, en 83, on lui a fait remonter toute la pente. On l'a mise à une alimentation crue biologique — uniquement des légumes et fruits crus, du fromage blanc frais et des œufs crus. Elle a été courageuse, mais elle était motivée, bien sûr. Au bout de 3 ans de cette alimentation, avec des revitalisants, elle commençait à marcher en tenant quelqu'un aux épaules. Et au moment où elle a dû prendre la décision de lâcher prise, parce que c'était un karma, là elle a flanché, parce que là il y avait un chemin spirituel à faire pour aller plus loin. Mais si elle avait pu le faire, elle aurait guéri.

Un enfant leucémique, même chose. Il est là, condamné à 3 mois de vie, maximum. Après 8 mois d'hygiène alimentaire il rejouait au football, il était âgé de 10 ans. Mais il a été obligé de refaire ses crises d'élimination. Si vous preniez l'eau diamant, il est prévu dans votre organisme, surtout si vous êtes jeune, que 3 semaines après avoir bu un demi-litre d'eau diamant par jour vous fassiez une bonne fièvre avec un mal de gorge. Sachez que c'est la vitalité que l'eau vous a donnée, et peut-être d'autres choses dans votre vie aussi, qui ont provoqué une crise d'élimination. Voyez toujours ça comme un cadeau de la vitalité qui habite votre corps et qui vous pousse toujours dans le bon sens, car il n'y a jamais de mauvais sens dans cela.

C'est cette façon de penser qui a été extraordinaire pour moi, et je l'ai expérimentée sur les sept à huit mille personnes dont je me suis occupé, et c'est à chaque fois vrai, même pour une gangrène. Même pour une gangrène il n'y a pas besoin d'antibiotiques, même pour un tétanos. Mon père a guéri du tétanos en 8 jours, sans aucun médicament. Donc, c'est faisable. Le microbe, c'est un type d'animal, il suffit de l'aimer.

Questions-Réponses

Réponse à une question.

Là je commence en bas, par le physique. Mais il est certain que quand quelqu'un arrive jusqu'à la maladie dégénérative, c'est qu'il avait en lui des mémoires venant de vies antérieures qui l'ont amené jusque-là, parce que s'il n'avait pas ces mémoires, avant même d'arriver dans la période finale de la chronicité, il aurait rencontré quelqu'un qui l'aurait guidé, ou des livres apportant des réponses ; il aurait trouvé dans sa recherche. Mais à cause de ces mémoires, justement, qui l'ont empêché, il a dû aller jusqu'en bas. N'oublions pas que parmi nous certains ont vécu des vies en Egypte, en Atlantide et ailleurs, où nous avons manipulé le peuple par des produits. C'est la raison pour laquelle nous avons attiré ce genre de médecine ici, maintenant. C'est la raison pour laquelle tout est juste.

Donc, la loi physique est plus ou moins là, avec ses erreurs bien entendu et ses incomplétudes. Je l'ai testée sur moi-même dans des cas graves. Même avec un bras cassé, en faisant 8 jours de jeûne il se ressoude sans besoin de plâtre. Ça, c'est un chat qui me l'a montré. Il y a un chat qui s'était cassé la patte arrière en deux endroits, et elle traînait comme un lambeau. Il est resté 3 semaines à l'eau, sans manger. Au bout de 3 semaines, sans vétérinaire, sans rien, sa patte s'était remise en place et complètement ressoudée. Et il n'a pas eu besoin de rééducation.

Question : Qu'est-ce qu'on peut faire pour aider quelqu'un qui a un cancer et qui passe par la chimiothérapie ?

Le cancer, c'est quelque chose de compliqué, je ne dis pas que j'ai tout compris à ce niveau-là. Le cancer, c'est une cellule à 2 noyaux. Pour moi, le cancer c'est une guérison. C'est l'âme, qui est venue avec un bon paquet de mémoires — une âme d'ailleurs qui a décidé de venir, avec courage, surtout à cette époque où l'on sait que l'on est à la période où il faut passer le cap, sinon c'est trop tard. Et ces mémoires-là, quand elles repassent par le siphon du véhicule de l'incarnation, détruisent, abîment le corps physique. C'est une mémoire de dualité, c'est pour cela que la cellule a 2 noyaux. Souvent, quand je m'occupais des gens, dans le temps, ce que je voyais en leur faisant des séances, c'est que c'étaient des personnes qui, pendant beaucoup de vies, avaient robotisé dans le système. C'est souvent dans le milieu aristocratique d'ailleurs, donc des ducs, des princes, des gens qui avaient un pouvoir, et à qui ce pouvoir faisait une vie qui leur paraissait tellement agréable qu'ils ont continué, pendant de nombreuses vies, à choisir toujours ces vies de pouvoir pour avoir les bonnes places et ne pas souffrir. Mais ce faisant, ils ont mis de côté le désir de leur âme de grandir dans l'amour, dans la foi et dans la lumière. De ce fait, c'est comme si l'âme s'était revêtue d'une autre personnalité robotisée, comme si l'âme était devenue deux personnalités. Alors, pour éliminer ça brutalement d'un seul coup, ils sont obligés de passer par le cap du cancer.

Si la personne accepte et comprend cela et que c'est pris au départ, que la personne n'est pas trop âgée, qu'elle n'a pas eu une mauvaise vie avant, sur tous les plans, une vie très déstructurante ou auto-destructive, il y a moyen qu'elle guérisse. Mais c'est un cas rare. C'est difficile. En ce moment, j'ai une amie qui a un cancer du sein. Elle ne veut absolument pas passer par la médecine, et elle fait tout un travail de recherche des mémoires, dans le détail, celles qui l'ont amenée à ce cancer. Et elle a eu des rêves qui lui montraient qu'elle allait guérir, mais ces rêves ne veulent pas lui dire qu'elle va guérir avec son corps ; elle va peut-être guérir sans son corps, mais elle aura guéri son karma. Donc, elle va pouvoir se réincarner sur la Nouvelle Terre qui nous attend. Sinon les autres, ils iront encore cirer les godasses des « petits gris » — c'est une boutade !

De même pour le sida. Certains disent que le sida est une maladie qui a été créée en laboratoire. Je ne sais pas, je ne l'ai pas vérifié, ce n'est pas important. En tout cas, elle est là, et souvent cela se propage par le sexe. C'est vrai qu'il y a eu beaucoup de manipulations au niveau de l'implant sexuel, il y a très très longtemps, et certains ont été responsables de ça. Sachez que tout cela est juste, même si c'est affreux humainement, sur le plan émotionnel et sentimental, mais c'est vrai que le chemin de l'évolution commence là où les sentiments s'arrêtent. Il y a une phrase dans *Les Dialogues Avec l'Ange* qui le dit. Mais on en n'est pas tous là, donc ce n'est pas évident. Quelquefois, la souffrance est nécessaire, c'est comme ça.

Néanmoins, les quelques personnes que je connais en France qui font une chimio, apaisent un peu le mal être dû à la chimio en buvant de l'eau diamant en grande quantité. Je crois que dans ce cas-là la chimio est quand même nécessaire, sauf pour celui qui se sent capable d'aller jusqu'au bout de son karma sans avoir affaire à la médecine chimique. C'est une question de conscience personnelle. L'un ou l'autre choix est bien. C'est difficile de conseiller. Quand une personne dit : « Est-ce que je dois faire ça ? », je n'ai pas à l'influencer. Il faut tenir compte des peurs de la mort et de toutes ces choses.

Réponse à une question sur l'alimentation.

La bonne alimentation, c'est celle qui conviendrait à notre tube digestif. Il y a eu plein de gens, comme Shelton, ou Hanish en Allemagne, qui ont remarqué comment se nourrissent les animaux qui ont le même tube digestif que nous. Il semblerait que ce soit les gorilles — ce qui ne veut pas dire qu'on descend d'eux! Normalement, quand ils ne sont pas dans les zoos, quand ils sont dans leur nature sauvage — qui est elle-même de plus en plus incomplète et polluée, même en Afrique — ils se nourrissent presque exclusivement de fruits, d'écorces d'arbres, de branchages, et d'un petit carnivorisme (10 à 15% de leur nourriture quotidienne). Ils ne mangent jamais de graines, ni de céréales, ni de farineux, sauf la banane, qui est un farineux fruité beaucoup plus digeste. Dans les avocats, les pommes et les carottes aussi, il y a un peu de fécule. Ces animaux arrivent, avec l'âge, à devenir obèses, parce qu'il y a de moins en moins de fruits, même dans la jungle, donc ils sont obligés de se rabattre sur les écorces d'arbres qu'ils mangent en trop grande quantité — ce qui correspondrait chez nous aux légumes. Mais ils ne sont jamais malades, il n'y a pas de problème.

Si on transposait cela à l'homme, ça donnerait 80 à 85% par jour de légumes crus, parce que dès qu'on cuit on tue. Et si on enlève la vie qu'il y a dans les atomes ou dans les cellules, il n'y a pas de mariage : on ne verra jamais un gars aller se marier avec une morte à l'église ou à la mairie, ça ne marche pas. Un atome de calcium dont les électrons ne tournent quasiment plus, on ne va pas l'assimiler, on va l'uriner dans les toilettes, même si ça vient d'un calcium biologique, non traité. Donc, il faut qu'il y ait de la vie. C'est le but de l'eau diamant de mettre de la vie, c'est pour cela qu'on en met un peu dans les aliments, pour remettre un peu de mouvement électronique dans la matière alimentaire.

Les glucides des légumes et des fruits sont le carburant des muscles. Nous ne pouvons pas absorber assez d'azote par la respiration donc nous devons prendre les protéines dans les produits animaux et les sous-produits animaux. Il y a un peu de lipides dans les fruits secs, les olives, et on devrait prendre des protéines, qui sont destinées à reconstruire les cellules usées. Ce ne sont pas les protéines qui donnent l'énergie; ce n'est pas la viande qui donne l'énergie, elle donne de l'excitation grâce à ses acides, comme le café, mais ne donne pas d'énergie. Ce n'est pas une énergie pure, c'est du dopage. On en est là. Je parle en puriste : il faut adapter tout cela.

Je pense que si nous étions capables d'être des ascètes, au point de manger 80% de légumes et fruits crus par jour, avec peut-être 100 gr de fromage blanc par jour, fromage de chèvre frais, qui ne soit pas fermenté ou cuit, ou du jaune d'œuf cru, nous pourrions vivre sans maladie jusqu'à 100 ans au moins, après les deux premières années où nous ferions des diarrhées, des crises, des boutons, des fièvres, pour nettoyer, avec des périodes de grosse fatigue et d'autres où nous serions comme dans une période de sevrage. Car nous sommes drogués à l'alimentation comme au café, au tabac, ou à l'alcool. Vous pouvez manger plein de pommes tous les jours, pendant 10 ans, mais le jour où vous n'avez plus de pommes, vous n'êtes pas en manque. Remarquez-le. Même le petit pain au chocolat du matin, quand vous l'arrêtez, vous allez voir, il y aura un manque, parce que c'est une alimentation morte. Je l'ai constaté sur moi.

Si on avait tous la force mentale et psychologique d'être assez équilibrés pour manger cru il faudrait vivre dans un climat chaud toute l'année, le corps nu au soleil, ne pas être obligés de travailler pour gagner de l'argent, parce que c'est quelque chose qui dévitalise, avoir aussi une nourriture émotionnelle dans nos relations qui soit euphorisante et enrichissante, avoir une nourriture mentale qui soit de qualité, donc plus riche, et avoir aussi une instruction ou une nourriture spirituelle, donc une recherche de qui on est et pourquoi on est là qui soit appropriée à notre niveau d'évolution. Je pense que si nous avions tout cela de façon parfaite, il est certain que nous serions des gens extrêmement beaux, intelligents et heureux.

Mais il faut reconnaître qu'on n'en est pas là. On apprend à faire des pas là-dedans. Comme l'on vit dans un climat qui n'est pas tout à fait chaud, qui est parfois trop humide, psychologiquement on manque de lumière, on manque d'air, on manque d'espaces verts, on manque de magnétisme terrestre : on est dans du béton, avec des chaussures en plastique, avec des vêtements synthétiques plein des colorants chimiques, des ondes électriques et électroniques qui nous polluent sans arrêt le cerveau et le système vibratoire. On compense alors avec des sucres que l'on va trouver dans le pain, dans les gâteaux, ou dans les biscuits, dans le vin, dans le tabac, dans le sucre, dans les viandes : on a besoin d'excitants, sinon on est fatigué. Alors, il faut faire au mieux. Ce qui compte, c'est de savoir cela et d'adapter les aliments de tolérance, les aliments qui polluent selon notre conscience, selon ce que l'on est capable aussi de supporter. Quelqu'un qui est très faible du foie va compenser plutôt avec des viandes qu'avec des pâtes, parce qu'il sait qu'à un moment donné il sature et n'en peut plus. Donc il faut gérer ça.

J'ai expliqué que les maladies ne venaient pas de l'extérieur mais du terrain intérieur, ce que déjà beaucoup d'entre vous savaient. Quand on mange des produits animaux en trop grande quantité, on produit des acides qui se transforment en cristaux, et lorsque le corps va vouloir les éliminer ça va créer des maladies plutôt douloureuses et sèches (otites, pharyngites, angines, rhumatismes etc.). *Toutes les maladies sont des crises d'autoguérison du corps.* Ce n'est pas quelque chose de mal, c'est quelque chose de juste : ce n'est ni bien ni mal, c'est juste. C'est le corps qui, par sa vitalité, essaye d'éliminer sous forme de crise. Il faut aider cette crise pour ne pas qu'elle dure longtemps. Certains sont de grands mangeurs de céréales — comme les « macrobiotes » qui mangent beaucoup d'aliments à base de graines, (je ne parle pas ici des graines germées, parce que le germe n'est plus alors une céréale, c'est un légume, vous voyez la différence ?). Si vous mangez 2 ou 3 fois par jour soit du pain, des pâtes, du riz... régulièrement pendant des années, vous aurez plutôt tendance à faire des maladies colloïdales, des déchets glaireux dans le sang, qui vont s'éliminer de temps en temps par des crachats, des rhumes, des bronchites, des diarrhées, des acnés, des furoncles et des abcès.

Quand un enfant est petit, il a beaucoup de force. Ainsi, dès qu'il y aura saturation avec encrassement, il fera une crise avec fièvre. Et si on l'empêche avec des médicaments allopathiques, ce qui est une répression anti-symptomatique, automatiquement la vitalité baisse avec le temps et l'enfant peut tomber dans l'allergie, la chronicité, c'est-à-dire qu'il réagit tout le temps mais sans jamais assez de force pour éliminer. Et si on continue comme ça pendant 40 ans, ça se termine par un état dégénératif tel que le cancer. Mais ce n'est sûrement pas par hasard si la personne est arrivée jusque-là avant d'ouvrir les yeux, avant de le voir, parce que si c'était juste, la personne se serait aperçue que quelque chose n'allait pas en elle avant d'avoir le cancer, 20 ans avant. On a tellement habitué les gens à s'occuper de ce qu'il y a à l'extérieur qu'ils n'écoutent pas leur corps.

Un jour, j'ai vu un monsieur qui avait une maladie qui s'appelait la sclérose amyotrophique des neurones musculaires. C'est une maladie découverte par Charcot, où les muscles des jambes commencent à s'atrophier et quand l'atrophie arrive aux poumons, la personne meurt asphyxiée. Ça dure entre 4 et 6 ans, et il n'y a aucune douleur. Le seul symptôme qu'il y avait, c'est que tous les jours, durant 2 à 3 ans, la personne faisait des selles liquides. Quand j'ai vu cet homme, qui était déjà en chaise roulante et n'en avait plus que pour un an à vivre, je lui ai demandé s'il avait dit à son médecin qu'il avait eu pendant 2 à 3 ans des selles liquides. Non, il ne le lui avait pas dit ; le médecin ne lui avait rien demandé non plus. C'est le genre de gars qui a construit sa maison lui-même, fait des courses cyclistes, des déménagements, un bel athlète bien musclé. Et là, il a été cassé.

Donc, les gens devraient s'écouter quand ils ont des petits symptômes comme ça, qui sont toujours de petits signaux d'alarme, précurseurs de quelque chose qui va arriver plus tard. Et c'est là qu'il faut agir. Si vous avez un enfant qui se réveille deux fois par nuit pendant des années, il y a quelque chose qui ne va pas ; il faut chercher.

Intervention au sujet de l'instinctothérapie, de Guy-Claude Burser.

Madame explique qu'elle a pratiqué ce système de nourriture, où l'on mettait tout sur la table : viande, légumes, fruits... mais tout cru. C'est un système qui n'est pas trop mal dans le sens où lorsqu'on est encrassé, on va avoir envie de viande crue, et peu à peu on en aura de moins en moins envie. Ça se passe aussi quand il y a une évolution de conscience. Vous l'avez remarqué sur vous, dès que vous devenez plus léger, plus subtil, les aliments lourds commencent un peu à vous gêner ; vous en mangez moins, moins souvent, ça se fait tout seul.

Alors, ce que je voulais dire, c'est d'essayer de manger du cru tous les jours. Si vous mangez des fruits, mangez-les toujours hors des repas, surtout les fruits frais et juteux car ils fermentent dans l'intestin. Pour ce qui est du processus des trois phases de la maladie, je peux vous donner un exemple. Un jour, en 83, il y a une dame énorme qui vient me voir ; jeune pourtant, 30 ans. Elle faisait bien 120 kg. Elle me dit que cela faisait 10 ans qu'elle était comme ça, et que quoi qu'elle fasse elle ne maigrissait pas. Je lui dis : « Si je vous donne un traitement avec des plantes et un régime, ça ne marchera pas. Vous allez dépenser de l'argent et ça ne marchera pas. Je lui ai dit : mangez cru ; ne mélangez pas les aliments ; faites le plus pur possible. Et comme je sais qu'au stade où vous en êtes vous devez être assez gourmande, le dimanche faites une journée de récréation. Ce jour-là c'est le jour du café, des gâteaux, du vin, de tout ce que vous voulez, même si le lendemain vous êtes malade, ce n'est pas grave. Mais les autres jours, mangez le plus cru possible. Et le jour où vous ferez une fièvre, là vous reviendrez me voir. Téléphonez-moi d'abord pendant la fièvre, je vous dirai ce qu'il faut faire. »

Entre temps j'oublie cette personne. Un an plus tard, elle m'appelle et me dit : « Qu'est-ce que je fais ? Depuis hier j'ai 38/39 de fièvre, j'ai mal à la gorge, j'ai des gros ganglions. » Je lui dis : « C'est bon signe, c'est signe que votre vitalité a augmenté suite à l'amélioration alimentaire, et que vous avez commencé à faire une fièvre d'élimination. Je lui ai dit de rester aux poireaux jusqu'à ce que ça soit fini. Comme elle ne savait pas jeûner, je lui ai dit d'acheter des poireaux, de les faire bien cuire pour qu'il n'y ait plus de vitamines dedans, et de manger autant de poireaux nécessaires jusqu'à ce que ce soit terminé. Et dès qu'elle n'aurait plus de fièvre, elle pourrait recommencer à manger.

Elle a fait ce que je lui ai dit, elle était motivée, forcément, et elle a commencé à manger ses poireaux. À la fin, elle était écœurée, bien sûr, car ça a duré 7 jours. Pendant ces 7 jours elle n'a mangé que des poireaux. La fièvre a duré 7 jours exactement avec la gorge enflammée. Elle a supporté ça, mais au bout des 7 jours elle avait déjà perdu 10 kg. Je lui ai dit de reprendre son alimentation crue, et de faire ses écarts le dimanche. Elle m'a raconté que le dimanche les écarts étaient beaucoup moins importants. Elle avait moins de manques, de crasses, de déchets, et là j'ai pu lui faire un traitement. Elle a fait une petite angine qui a duré 3 jours, mais assez violente, avec des maux de tête, parce que plus la vitalité augmente, plus on remonte vers l'aigu, donc plus c'est violent. C'est plus douloureux, mais c'est plus court. C'est la même chose dans la vie : si vous vivez un événement violent, c'est parce que vous avez augmenté votre conscience, et la chronicité des mémoires commence à se nettoyer. Mais on peut l'éviter si on décrasse avant.

Alors, cette personne s'est mise à maigrir de 5 à 7 ou 8 kg chaque mois. Après chaque angine, elle descendait un palier et maigrissait. Au bout d'un an, elle a atteint son poids normal, et pouvait même faire quelques écarts sans reprendre de kilos. Mais elle était jeune ; elle n'avait pas 50 ou 60 ans. Là, il aurait fallu 3 ou 4 ans. Il y a peu de personnes qui ont la persévérance de faire ça aussi longtemps, c'est démoralisant, c'est très dur. Elle avait 30 ans à peine ; plus on est jeune, plus on guérit vite, mais plus la crise est violente. Et c'est là qu'il faut trouver un bon naturopathe qui sait gérer la crise.

J'ai fait beaucoup d'expériences sur mon physique. J'ai fait des jeûnes de 3 semaines en travaillant dur, sans boire. J'ai testé ce que j'ai appris sur mon corps comme un laboratoire à l'époque où j'étais encore assez jeune pour le faire sans trop de dégâts. Maintenant, je ne le ferais plus.

Question : Tu as pu vivre sans boire pendant 3 semaines ?

Oui, c'est facile. C'est plus dur qu'en buvant, mais le fait de ne pas boire désintoxique beaucoup plus le corps, parce que tu déshydrates ton sang, et ce faisant tu accélères la lymphe, il y en a 10 litres dans le corps. Cette lymphe circule seulement à 1 litre par 24 h, chez les gens qui remuent. Mais chez les sédentaires comme moi, cela ne circule qu'à 1/3 de litre. Cette lymphe est chargée d'aller chercher les liquides extra-cellulaires — qui sont les égouts des liquides intra-cellulaires qui ont rejeté le gaz carbonique, l'acide urique etc. pour les ramener dans le sang veineux, qui lui va aller se purifier dans les poumons, le foie, la vessie... Mais si vous buvez tout le temps, le liquide sanguin, qui est à peu près de 5 litres reste tout le temps à 5 litres, donc la lymphe ne peut plus ramener ses déchets dedans. C'est d'ailleurs pour ça que les femmes spongieuses qui ont tendance à grossir, si elles boivent beaucoup elles gonflent.

Pourtant, on nous dit qu'il faut boire au moins 1,5 litre par jour.

Oui, c'était le slogan, juste au moment où il y avait des problèmes de vente d'eau minérale, en 76, comme par hasard.

En macrobiotique, on boit beaucoup moins. Le «macrobiote» est plutôt sec, alors que le végétarien va gonfler.

Oui, c'est vrai que dans la macrobiotique il y a des choses formidables aussi.

Ce que tu as dit m'a interpellée, parce que j'ai lu le livre de Jasmuheen, «Vivre de Lumière», et je me suis dit que vivre sans manger, ça ne me dérangerait pas, mais vivre sans boire, est-ce que c'est possible? Le corps est constitué de 80% d'eau, alors comment peut-on vivre sans eau?

Vivre sans boire totalement, je ne le crois pas non plus. Il faut un minimum d'eau... Il ne faut pas oublier que Jasmuheen vit en Australie, sous un climat chaud tous les jours, elle est spirituellement prête, elle s'est exercée depuis l'enfance, elle a une piscine. Or si vous faites un jeûne sec, sachez qu'en prenant un bain vous prenez au moins 1/2 litre par vos pores. C'est pour cela que lorsqu'on fait un vrai jeûne sec de purification, on ne prend ni bain ni douche, pendant les 3 ou 4 jours qu'on le fait, sinon ça ne sert à rien. En plus, Jasmuheen médite pendant plusieurs heures par jour, donc elle se nourrit sur ce plan-là. Mais rester sans boire totalement, je ne crois pas que cela soit possible.

Vous savez, il y a encore beaucoup de choses qui nous échappent. Je m'estime à la préhistoire de quelque chose. On en est au silex. En tout cas, je suis au silex de quelque chose que je ne comprends pas. Dans ma recherche avec les petits appareils et l'eau, je suis le barman : je sers à boire et c'est tout. J'explique comment ça m'est arrivé, mais je ne peux pas vraiment expliquer scientifiquement toutes ces choses, je ne suis pas capable de comprendre toutes ces choses. J'ai appliqué sur moi ce système de désintoxication et je l'ai fait appliquer à des milliers de personnes, et ça a bien marché, même dans des cas incurables quand le karma n'intervenait pas. Donc si vous le savez, c'est bien. Comme ça, à la prochaine petite crise, angine ou autre, vous vous mettez aux poireaux pendant 2 jours, vous buvez de l'eau diamant, vous prenez de l'Echinacée si vous voulez, de l'Arnica ou des choses qui vous aident, et vous laissez faire votre corps.

Vous savez ce qu'est un atome? Il y a un noyau, et il y a des satellites qui tournent autour du noyau et entre eux il y a du vide. Ce vide, on pourrait dire que c'est Dieu. C'est la présence du divin qui est là. Si on prenait un immeuble de 30 étages (ce que je vous dis ici, je ne sais pas si c'est vrai, mais je l'ai lu dans une revue) et que l'on collait toutes les particules les unes contre les autres pour qu'il n'y ait plus de vide, il aurait la taille d'un noyau de pêche, qui pèserait toujours autant de millions de tonnes parce qu'il y aurait la même quantité de matière. Ça veut dire que tout est constitué de vide. Alors, si notre corps est constitué de 95% ou 98% de vide, c'est ce vide-là qui est intelligent. Donc, si on écoute ce vide qui est plein, automatiquement on va vers le mieux.

C'est cela que j'essaye moi-même de comprendre. Mon corps fait des boutons, ou une crise de rhumatisme, je l'écoute, je laisse faire et je ne lui en rajoute pas. C'est comme si vous aviez des ouvriers fatigués et que vous leur donniez une charge supplémentaire de digestion à faire. D'ailleurs, les ouvriers, c'est bien de les laisser au repos un jour par semaine, comme nous on prend le dimanche. Il y a beaucoup de tribus, en Afrique, qui jeûnent un jour par semaine, parce qu'ils savent que c'est important. Quand vous pensez que quelqu'un qui mange du pain le matin au petit-déjeuner, 2 ou 3 tartines à 8 h avec un peu de beurre, à midi, cela n'a pas encore été digéré, et entretemps il a déjà remangé un petit biscuit vers 11 h. À midi il va recommencer avec des céréales et de la viande. À 5 h il a un petit creux parce que son estomac est vide, ce qui est une fausse faim, c'est un manque, comme un manque de tabac ou de sucre, et automatiquement il va remettre quelque chose : le foie et le pancréas reçoivent encore. Et le soir, il remange un gros repas, ce qui fait qu'il digère jusqu'à minuit ou une heure, et le système digestif se repose peut-être 5 heures par jour, ce qui est trop peu.

Donc, selon la vitalité de l'individu, un beau jour ça craque. Avant que ça craque vraiment, il fait des tentatives, avec des angines ou autres. Et quand on dit qu'il y a une épidémie, c'est une tentative globale d'élimination et de purification des êtres humains en rapport d'ailleurs avec les astres. Je connais très peu l'astrologie, mais par exemple la tuberculose est arrivée à une époque où il y avait telle planète qui stimulait le système solaire avec ses rayonnements. Son éloignement engendra une diminution des cas de tuberculose. Ce sont des systèmes de purification cosmique normaux, étant donné que les planètes sont aussi des atomes d'un autre corps encore plus grand.

Question : Dans quelle catégorie peut-on mettre les maladies auto-immunes ?

C'est quand la personne a perdu la capacité de nettoyer son corps. Il y a une grosse faiblesse qui est là, et elle n'a plus la force. Dans un cas comme ça, j'ai vu que l'eau diamant a beaucoup aidé à reprendre la force à ce niveau-là. C'est tout ce que je peux dire, je n'en sais pas plus.

Question au sujet des graines germées.

Les graines germées, c'est une céréale qui a poussé. C'est vrai que lorsqu'un légume pousse, il y a comme une poussée d'hormone et de vitalité dans le petit germe, donc c'est très riche en hormone végétale. Mais à ce moment-là, le germe est un légume, ce n'est plus une céréale. Tu peux en prendre comme tu le sens, il n'y a pas vraiment de règle.

* * *

Quand Christ se met à briller
Au centre de la personnalité,
Alors les images de l'âme
Sont projetées en palmes
Sur l'écran de l'entourage
Qui ne fait que tourner les pages
Montrant et offrant les repas,
Préparés d'avant le trépas.
À l'être d'accepter sa cuisine,
De manger aussi ce qui le mine,
De digérer et d'en extraire l'essence ;
D'éliminer le plus qui n'a plus de sens.
Après de multiples pauses
Où les karmas s'entreposent ;
Après les séquences incarnées
Des films imaginés ;
L'âme, en bonne spectatrice,
Retourne dans sa matrice ;
Au sein de la Mère divine,
Se réfugie et élimine
Les images forgées du non-soi.
Plonge, perdue dans sa foi ;
Errante, sans identité,
Regardant son corps incarné.
Dans cette subtile renaissance,

Accomplie avec malaisance ;
Elle fusionne avec le prince,
Celui que la plupart évince :
Christ glorifié en elle
Lui prête des teintes pastelles :
Et, dans un élan d'amour
Elle s'élance en un pas sourd,
Armée d'une force douce
Vers ceux et celles qui toussent
Et crachent maintenant leurs monstres ;
Ceux de leur ego tuberculeux,
Barbouillé de regards malheureux.
De ces crachats nauséabonds,
Cet être en fait un cristal,
Colorant ainsi les coeurs pâles
Avec le sang sacré de la vie.

Les Schémas

On va maintenant parler des schémas. Il y a des schémas psychologiques qui alimentent par exemple celui qui a beaucoup d'acide et de cristaux dans son sang et qui aura tendance à être plutôt rigide et agressif, ou colérique, ou même violent, selon l'intensité. Quelqu'un qui mangerait même hyper sainement, mais qui a des mémoires de rigidité en lui, va se scléroser, se pétrifier, devenir arthrosique, ou arthritique ; il va se dessécher. Pourquoi ? Parce que les schémas du bien et du mal, de la rigidité, produisent ce genre d'acidité dans le sang.

Par contre, quelqu'un qui serait dans une psychologie plutôt lymphatique, plus « eau », du genre paresseux, à donner toutes ses responsabilités aux autres, à se laisser aller, il va se surcharger de toxines colloïdales. Donc, vous voyez, les schémas de pensée produisent aussi des toxines d'autant plus chez les gens qui font une démarche énergétique maintenant : vous pouvez avoir quelquefois des symptômes de douleurs qui sont liées aux prises de conscience que vous êtes en train de faire ou que vous allez devoir faire. Par exemple, j'ai vu une dame de 70 ans, dont la maman, qui en a 90, a toujours rabaissé sa fille. Et un jour elle a accusé sa fille de lui avoir volé 1 million de francs belges (165 000 F) qu'elle avait dans une enveloppe en liquide. Cette dame me dit un jour : « Je ne peux pas pardonner à ma mère, je n'y arrive pas. » Je lui ai dit : « Ce n'est pas grave si tu n'y arrives pas, accepte qu'elle représente une partie de toi, que tu l'as choisie en t'incarnant, accepte, accueille, remercie. Au moment où ce travail mental sera fait, ça va descendre ensuite au niveau de l'accueil, et il y aura à ce niveau une transformation en toi. Tu mets en décodage avec l'eau diamant ce qu'elle représente de toi, ce que tu vois de toi en elle, et à ce moment-là tu vas commencer à effacer et déprogrammer ces mémoires. »

Elle avait mis dans l'eau l'intention d'arriver à l'accueil et à aimer cette mère qui avait toujours été très dure avec elle, et au bout de 2 ou 3 semaines elle m'a téléphoné et m'a dit : « C'est formidable, maintenant j'ai compris, elle est un maître pour moi, je l'aime, elle m'a rendu un service parfait. » Et le lendemain, elle m'a rappelé pour me dire qu'elle avait son vagin élargi comme si elle allait accoucher d'un enfant, avec une libido sexuelle incroyable, à 70 ans... Elle m'a dit : « Il y a 20 ans que ça ne m'est pas arrivé. » Ça a duré 7 jours.

Donc, voyez, voilà une manifestation dans le physique — surtout chez les femmes, nous les hommes nous sommes plus inertes à ce niveau-là. Mais les femmes peuvent avoir tous les symptômes de la grossesse au moment où elles vont guérir un schéma avec leur maman. Et même le test à la pharmacie peut être positif, j'ai vu ça. Pour finir, il n'y avait pas de grossesse, mais la personne avait guéri un schéma avec sa mère et il y a eu une manifestation dans le physique, et un test de grossesse positif. Vous voyez comment tous ces schémas jouent au niveau du corps physique. Plus la femme est féminine, plus il y a des réactions dans le physique ; plus elle est masculine, moins il y en a.

Ce qu'il faut comprendre dans les schémas, c'est qu'il y a une loi que j'ai constatée — vous testerez dans votre vie, pour voir si elle est vraie — *une loi qui fait que l'on exprime toujours le contraire de ce qu'il y a en nous*. Là encore, je vous fais un schéma caricatural, mais pour le mettre en pratique et le discerner dans la vie courante, ce n'est pas évident. Si dans un être humain le plus est exprimé — c'est-à-dire le côté positif — ce qui est imprimé dans le subconscient est le côté négatif. Ici, on n'est plus dans le bien et le mal, car le plus et le moins sont les 2 fils de l'ampoule qui sont contigus et permettent à la lumière de passer pour éclairer. Si on supprime un des deux fils, il n'y a plus de lumière. C'est pour cela que même dans la maladie, si on la chasse, on empêche la guérison ; si on chasse les voyous, on empêche la guérison ; si on chasse la drogue, on l'alimente ; si on intervient dans un conflit, style yougoslave, on l'alimente, parce qu'on empêche l'harmonie, on empêche la copulation, la fusion entre le plus et le moins. C'est une copulation à trois, pas à deux, c'est là le problème. En électricité, si on fait se toucher les fils plus et moins, le compteur saute : c'est la guerre, c'est le conflit, c'est la dispute. Si on les fait s'approcher et qu'ils se regardent, en Dieu, on crée le trois, et alors la lumière passe et il y a guérison. À ce moment-là le bien et le mal, le plus et le moins deviennent les moteurs du funambule sur le fil de l'équilibre. Mais s'il penche à gauche vers le mal, ou à droite vers le bien, il se casse la figure.

Il y a une phrase dans *Les Dialogues Avec l'Ange* que j'ai fait mienne et qui dit : «Ce qui a détruit le monde, c'est le vouloir bien faire.» C'était nécessaire que l'on passe par là, mais maintenant on apprend à en sortir, à lâcher prise.

Ainsi, les êtres humains expriment souvent le contraire de ce qu'il y a dans leur subconscient. On va prendre des exemples très exagérés. Par exemple, quelqu'un qui exprime la générosité, qui est toujours prêt à porter votre sac, à vous donner de l'argent quand il vous en manque, toujours prêt à demander : «ça va ? Tu es bien ? Je vais te soigner et m'occuper de toi...» Je vous assure qu'il y a les schémas contraires à la générosité dans ses mémoires cellulaires. Oui, c'est dur à admettre. Mais une personne qui a réuni ces deux expressions contraires n'agit plus de cette manière. Elle attend la demande, sinon l'aide peut être une atrophie pour l'autre. C'est le maître nageur qui lance tout le temps sa bouée. Il y a une prise de pouvoir et même un pompage. Souvent ces personnes-là pompent l'énergie de l'autre, parce qu'elles veulent quelque part que les autres aient une vénération, une image qu'elles veulent donner d'elles-mêmes et qui les flatte. Mais une image c'est un mensonge que l'on fabrique, un mensonge publicitaire pour se faire bien voir des autres.

Si l'autre n'ose pas demander, ça veut dire qu'il nous montre qu'il y a en nous un certain orgueil. On travaille alors sur soi. Je pars du principe qu'un véhicule humain, un être humain, est comme un projecteur de cinéma, que dans ce projecteur il y a des mémoires, il y a une bobine de film qui tourne, et que ce projecteur psychoaffectif projette son film sur l'écran de l'entourage. Alors, ce que l'on a toujours fait, c'est d'essayer d'aller donner des coups de poing dans le film, parce qu'il y a un acteur qui a une sale tête. On essaye de le démolir, ou bien on va au tribunal, on se défend, ou bien on dit que ce n'est pas vrai, que c'est faux etc. Comme c'est dur et fatiguant, quelquefois on change de cinéma. Mais, manque de chance, on retombe sur le même film avec d'autres acteurs. C'est souvent comme ça. Vous n'avez qu'à remarquer par exemple le nombre de femmes qui quittent un mari buveur et violent, et qui retombent amoureuses du même genre d'homme.

Quelquefois, c'est trompeur, parce qu'on peut tomber amoureux d'une personne qui exprime l'inverse. Mais si elle exprime l'inverse, ça veut dire qu'elle a l'autre côté aussi ; elle a les deux, parce qu'on ne peut pas avoir l'un sans l'autre. L'hyper généreux, il a le radin en lui, de l'autre côté. J'ai déjà vu des gens extrêmement radins, qui n'achètent pas un kilo de pommes s'il fait un franc de trop, mais qui se payent un yacht quand ils vont à St Tropez, parce que là, la girouette s'est retournée. Cette dernière se retourne selon les situations qui favorisent le maintien de l'ego.

L'important, c'est de reconnaître que l'on a ça en nous. Aujourd'hui, j'ai mangé au restaurant avec des amis, qui m'ont raconté des choses qui vont me faire grandir, parce qu'ils sont des parties de moi, c'est mon film. Donc, ce soir, demain, après-demain, je vais commencer à réfléchir à tout ça, à sentir et à comprendre ce qu'il y a en moi qu'ils m'ont montré, que je vais pouvoir améliorer grâce à eux. Et pour ça ils sont guidés par Dieu. Mais celui qui va venir me frapper, ou voler mon porte-monnaie, lui aussi il est guidé par Dieu, par la vie qui est en lui, c'est instinctif. D'ailleurs les voleurs, dans les villes, ne volent pas n'importe qui, ils ont du « feeling ». Il en va de même partout.

Alors, comment ça marche ? Quand j'ai commencé à faire ce travail, c'était à partir de 1986, grandissant progressivement dans le discernement. Mais c'était long. Quand j'avais pris conscience d'un schéma en moi et que je l'avais accepté, il fallait ensuite le temps de l'accueillir, et parfois entre la tête et le cœur il n'y a que quelques centimètres, mais ça peut prendre un an. Une fois le schéma accueilli, le temps que cela s'intègre au niveau cellulaire et que les résultats soient manifestes à l'extérieur, il fallait encore attendre six mois ou un an. Maintenant, avec l'eau diamant et l'accélération vibratoire qu'il y a sur toute la planète, tout va beaucoup plus vite. Ce n'est pas tout le monde qui fait ce travail, ce n'est pas la masse, mais même s'il n'y en a qu'un sur cent qui le fait, il aide tout le monde, parce que je vous assure que la puissance de la déprogrammation cellulaire est incroyable, même en cas d'adversité. Vous pouvez avoir des voyous avec des poignards devant vous, si vous voyez Dieu en eux parce que vous avez décodé cette mémoire, ils baissent les armes, ils vous serrent la main et ils s'en vont. Ce que je vous raconte là, c'est du vécu, je l'ai vécu, sans réagir. Il faut lâcher prise à tout bien sûr, à la peur de mourir...

Comment voir Dieu en l'autre ? C'est un mot, Dieu, c'est le Principe de vie. Ça se fait au fur et à mesure que l'on enlève les couches en nous. En moi, maintenant, j'ai vu 1 200 schémas, qui ne sont pas tous transformés, et bien sûr ce travail s'est fait sur 8 ou 10 ans. Ce n'est pas la peine d'en faire une méthode, quelque chose de rigide, de dur, d'austère. Il faut que ce soit un jeu, que ça devienne un jeu, et au fur et à mesure que vous allez comprendre ces choses en vous, votre amour va grandir pour tout le monde. Il y aura de plus en plus de compassion et de non réaction. Parce que, pour moi, la réaction, *c'est le rebondissement d'un événement sur une partie desséchée de l'ego qui ne peut pas l'intégrer.* Par exemple, si je lance une balle contre le mur, elle me revient. Pourquoi me revient-elle ? Parce que le mur est de la même fréquence que la balle, il ne peut pas l'intégrer. Comme il ne peut pas l'intégrer, il y a un manque d'amour, donc il me renvoie la balle. Alors, on projette, on dit : « c'est à cause de lui que j'ai perdu ma fiancée », ou « à cause de lui que j'ai perdu mon emploi », ou « il m'a insulté ». On parle toujours de *tu* ou *il*, mais jamais de soi. C'est un réflexe qui n'est pas facile à attraper, car on a notre petit orgueil à l'intérieur qui n'est pas très heureux de tout ça.

Il y une phrase de El Morya que j'aime beaucoup, et que j'avais mise devant mon lit pendant un moment pour me la faire rentrer, parce que ce n'était pas naturel, mon cœur n'était pas ouvert : « Qu'est-ce que je n'aime pas de moi dans l'autre ? Quelle est la partie de moi qui ne me plaît pas dans ce que l'autre exprime ? » Et à partir de là, on commence à ouvrir le cœur et à comprendre que tous les comportements de notre entourage, ou même une situation ou un événement, tel qu'un accident de voiture qui nous casse une jambe, ou une maison qui flambe ou des choses de ce genre, tous ces événements deviennent alors des cadeaux — comme la maladie ». (*El Morya* par Leila Cheilabi — éditons CLEDAM)

Regardez un tout petit enfant, qui n'est pas encore programmé par l'école, ni par le système de conduite morale et sociale qu'il est encore obligé d'avoir pour l'instant, dans notre système. Il réagit. Il a envie de faire une colère : il fait une colère, et deux minutes après il vient faire un bisou, c'est oublié. Si on lui impose une conduite morale : « Non, tu ne peux pas te mettre en colère devant tati Machin, parce qu'on attend son héritage, et on ne sait jamais », cet enfant va constiper sa réaction ; et à ce moment-là il va commencer à faire une tumeur émotionnelle, et cette tumeur va plus tard influencer ses comportements, ses choix de partenaire amoureux, il va peut-être bégayer... On a tous vécu cela, surtout les générations plus âgées : on avait besoin d'avoir une moralité, et une conduite dans le bien et le mal. *Mais maintenant nous passons de cette conscience du bien et du mal à la conscience de l'Arbre de Vie.*

Dans la conscience de l'Arbre de Vie, on apprend à gérer ces réactions. Si on ne peut pas les contrôler ou les accepter et les accueillir, on réagit, on fait une colère, en essayant de ne pas la projeter sur l'autre. Après la crise réactionnelle, il convient de conscientiser la partie de nous qui a réagi, afin de ne plus réactiver la même situation.

Je vais vous donner l'exemple de mon père, parce que parler de soi est souvent ce qu'il y a de plus juste. Mon père est un homme qui est très fin, il sent les énergies, mais il est dur au niveau de la tête. Je n'ai jamais vu une larme dans ses yeux, il est vraiment stoïque. Mais au fond, c'est l'enfant, l'enfant traumatisé. Il a été prisonnier dans un camp de concentration. Il avait perdu sa mère à 10 ans — vous voyez le genre d'enfance qu'il a eue, avec un père négligent et deux grands frères à qui il lavait les culottes. Tout en allant à l'école, il faisait le repassage et il lavait. Beaucoup dans cette génération ont connu ce genre de situation, avec les guerres. C'est un homme qui, au fur et à mesure que j'ai progressé dans mon évolution, dans mon décodage intérieur, lui aussi, en même temps, lisait des livres tels que *Dialogues Avec l'Ange*. Il est donc ouvert à tout ça, tout en sachant qu'il ne peut pas se transformer parce qu'il est trop âgé, il le dit lui-même, ce sera dans une autre vie. Au mois de mars 1993, il est brutalement tombé dans le coma, pendant 3 semaines. Là il a vécu des voyages astraux, il est allé dans les étoiles, il est venu me voir là où j'étais. Quand il a repris connaissance, il a fait 4 mois d'hôpital, et à son retour il avait complètement perdu ce stoïcisme, il était beaucoup plus enfant, beaucoup plus nature, beaucoup plus dans l'émotionnel, qu'il s'était refusé d'exprimer à cause de son éducation. Mais il fallait ça pour qu'il casse, tellement c'était du béton.

Ce sont des cadeaux. Quelquefois, on a un accident de voiture qui va nous secouer, même si on n'est pas blessé, hé bien c'est pour casser quelque chose. Un jour j'ai reçu une tondeuse en marche sur mon pied gauche, qui a raboté la moitié de l'orteil, et cela a changé les énergies dans mes 3 premiers chakras, parce que je n'étais pas capable de les changer moi-même, même si je l'avais accepté et compris. Mais à l'époque il n'y avait pas l'eau diamant. Et le but de l'eau diamant, c'est de transformer les énergies d'abord dans la chair, pour qu'ensuite elles se transforment aux niveaux éthérique, astral, mental et causal. Alors qu'avec des techniques du genre kinésio, reiki etc. on fait le travail inverse, qui est bien aussi. Quelquefois, faire les deux est formidable. Mais c'est quand il y a la transformation au niveau de la chair que vient l'épreuve de l'initiation et de la souffrance. Tous les initiés qui ont vécu des épreuves très dures d'ascétisme, l'ont fait pour changer la chair.

Mais si on change la chair d'abord, un petit peu, pas tout, même avec l'eau diamant on est obligé de prendre une claque quand même quand on a des schémas très anciens, parce qu'ils sont trop fossilisés, mais on amenuise l'épreuve. Ça je l'ai vu, depuis maintenant 15 mois que l'eau diamant existe, je souffre beaucoup moins qu'avant dans mes transformations intérieures.

On va prendre un exemple de relation, et si vous avez des questions, n'hésitez pas, car c'est vous, par vos questions, qui alimentez ce qui sort de ma bouche. On va dire qu'une dame a eu un père dictateur, et une mère soumise. C'était un cas fréquent autrefois, maintenant moins, tant mieux. Cette petite fille, à l'âge de 7 mois déjà, a quasiment tous les schémas. Il faut savoir que même quelque chose qui n'est pas exprimé par l'un des parents se retrouve quand même dans le subconscient de l'enfant. Exemple : un jour, une femme vient me voir, il y a 7 ou 8 ans, et elle me dit, « Voilà, j'ai un problème. J'ai vécu avec un homme qui avait 20 ans de plus que moi. Il était gentil, on s'entendait bien, mais au bout de 2 ou 3 ans, je ne pouvais plus le supporter sexuellement. Dès qu'il me touchait j'avais la nausée, et j'ai été obligée de faire chambre à part. Pourtant je l'aimais bien, il était gentil, mais je ne peux plus, c'est épidermique. Alors au bout de 2 ans, voyant que ça ne guérissait pas, on a fini par se séparer. Je suis retombée amoureuse d'un autre homme 20 ans plus âgé que moi, et la même chose se reproduit au bout de 2 ans. »

Alors je lui ai dit : « ton papa a abusé de toi quand tu étais enfant. » Elle me dit : « Non, ce n'est pas possible, mon père, c'est un bon catholique, hyper moral, il ne m'a jamais touchée, je te le garantis. » Je dis : « Alors, il a eu envie de le faire. » Elle ne me croyait pas trop, je voyais qu'elle avait des doutes. Je lui ai dit : « Si tu veux, allonge-toi, je vais rester une demi-heure avec mes mains au-dessus de toi. Donc je vais accélérer le processus, et dans 7 jours, tu verras, il y a quelque chose qui va se passer et qui va confirmer ou infirmer cela. Comme par hasard le septième jour après elle allait dire bonjour à ses vieux parents, qui à l'époque étaient très âgés. Et quand elle allait partir, son père l'a raccompagnée dans le vestibule, il l'a plaquée contre le mur et l'a embrassée sur la bouche. Et il lui a dit : « Ma chérie, excuse-moi, c'était plus fort que moi, je n'ai pas pu m'en empêcher, surtout ne le dis pas à maman.» Là, elle m'a téléphoné et elle m'a dit : «Tu avais raison, certainement que lorsque je suis devenue une belle jeune fille, à 16 ou 17 ans, il a fantasmé sur moi, en étant trop prude pour passer à l'acte dans le physique.» Tant mieux, mais les seules pensées de désir, d'émotionnel, et même peut-être de masturbation fantasmatique qu'il a pu projeter sur l'image de sa fille se sont ancrées dans l'aura de sa fille, et automatiquement elle a attiré des hommes plus âgés qu'elle, qui sont des papas. Mais au bout d'un moment, quand le schéma de désir du père (qu'elle avait déjà en elle, sinon son père n'aurait pas fantasmé sur elle, donc elle l'a attiré) est saturé, la girouette se retourne, et il y a la rébellion contre le vieux vicieux libidineux. D'où le rejet épidermique. Elle a compris ça. Mais si elle n'avait pas compris, elle aurait tout le temps attiré ce genre d'hommes, peut-être jusqu'à 45 ou 50 ans, et elle aurait ensuite attiré des jeunes et aurait alors exprimé ce schéma libidineux envers les jeunes hommes. C'est sans fin ; c'est l'arroseur arrosé. Et elle aurait plus tard attiré un jeune homme qui aurait, lui, été l'objet de fantasmes de la part de sa propre mère.

Comment arrêter ce mécanisme infernal ? En acceptant, comme elle, que c'était vrai, après avoir été convaincue elle-même intérieurement, et surtout en ne jugeant pas son père. Mais s'il était passé à l'acte, elle aurait eu beaucoup plus de mal à ne pas le juger. C'est là, le pardon. Le vrai pardon, c'est être capable de ne plus avoir aucun ressentiment, de sortir du bien et du mal. Le vrai pardon, c'est quand la fille qui a été malmenée ou violée est capable de dire : «Heureusement que mon père m'a montré ça, sinon dans l'amnésie de l'incarnation, jamais je n'aurais su que j'avais en moi un homme violeur qui aimait les jeunes, qui était pédophile ou autre chose. Ces deux parties du violeur et du violé en moi, je les comprends, je les accepte, parce qu'il me les a montrées, et c'est un cadeau du ciel.» A partir de là, l'homme qui a agi de cette manière devient donc un prophète de ce que l'on a en soi. Alors le cœur s'ouvre et la transformation cellulaire commence. Là intervient la déprogrammation à l'aide de l'eau diamant qui, elle, accélère le processus, où déjà une grosse couche peut s'effacer environ 7 semaines plus tard. Alors que normalement, si vous le faites sans eau diamant, ça se fait quand même mais il faut plus de temps, selon l'âge de la personne, la quantité de schémas et leur ancienneté.

Vous voyez le genre de choses que l'on peut rencontrer. Je vais vous donner un autre exemple : un couple a acheté une maison à des gens qui faisaient déjà un certain chemin spirituel, et quand ils sont arrivés dans la maison ils se sont aperçus au bout de quelques jours qu'ils avaient été escroqués. La maison avait des vices de formes importants. Comme la loi l'autorise, ils ont fait annuler la vente, sont retournés dans leur ancienne maison, et logiquement les vendeurs devaient reprendre leur maison et rembourser. Mais c'est là qu'il y a eu un problème : ils n'ont pas remboursé. Ils ont fait des magouilles juridiques et autres, et même de la magie noire il paraît, ce qui fait qu'au bout de 5 ans ce couple attend toujours l'argent ; ils sont sans cesse au tribunal et ça ne marche pas, ça n'évolue pas. Nous faisions un atelier comme aujourd'hui, et ils ont expliqué cette histoire devant tout le monde. Et j'ai demandé au mari : « qu'est-ce que tu vois dans ce couple ? » Il dit : « Je vois des voleurs, des menteurs, des escrocs, des arnaqueurs… » Il a cité tout l'inventaire, tout le négatif. Puis j'ai demandé à sa femme : « Et toi, qu'est-ce que tu vois dedans ? » Elle dit : « Moi, ce que je vois surtout, c'est la magie noire qu'ils font pour influencer le juge, retarder l'affaire et ne pas nous rendre notre argent. » Alors je dis : « Ce que vous avez vu dans ces êtres-là, ce sont des parties de vous. Imaginez que maintenant vous mourez, ici : crise cardiaque, vous êtes morts tous les deux, et vous comparez votre feuille de route avec ce qui vous est arrivé. Pensez aux regrets que vous allez avoir et dire : « Ça fait 5 ans que ces gens nous montrent que l'on a ces mémoires en nous, et on ne l'a pas guéri dans cette vie ; on va devoir recommencer. » Oui, on va devoir se réincarner pour comprendre, accepter et guérir ceci par le creuset de l'incarnation, parce qu'une âme qui est entre deux incarnations ne peut rien guérir. Elle est en vacances, comme entre deux années scolaires, et là elle ne transforme rien. Elle se repose, elle prépare autre chose, mais elle n'avance pas. Sauf celles qui sont réalisés, bien sûr.

Alors, voilà ce qui s'est passé. Ça les a fait réfléchir et ils se sont dit qu'en effet, ces gens leur montraient quelque chose. Le soir même, un déclic s'est passé dans leur cœur, c'est-à-dire qu'ils ont été capables d'aller jusqu'à l'accueil, peut-être parce qu'il y avait l'énergie du groupe, qui avait été forte. Ils ont reconnu avoir en eux toutes ces énergies d'escroquerie, de magie noire ; ils les ont acceptées, et ont choisi d'aimer ces êtres qui ont été tellement parfaits pour leur montrer cela. Le lundi matin, il m'a appelé avant que je ne reprenne le train pour me dire : « Tu sais ce qu'il se passe ? Mon avocat a appelé hier — un dimanche — pour me dire que la partie adverse allait faire un emprunt à la banque pour me rembourser. » Voilà. C'est rare que ça se débloque en une journée. Et combien de fois j'entends des gens qui disent : « Mon chef au bureau me harcelait depuis 4 ans, j'ai fait des dépressions nerveuses, j'ai compris que c'était une partie de moi ; j'ai mis en déprogrammation, et en 2 mois il est devenu un homme formidable. » Souvent, dans un cadre professionnel, si la personne doit aller plus loin, elle est mutée dans un autre bureau, pour avoir un autre harceleur qui va lui montrer encore autre chose. Un *emmerdeur* divin. Je vous assure que c'est magique. C'est la clé. Dans tous les problèmes de votre vie, c'est la clé. Mais c'est à vous de la mettre dans la serrure. Moi, souvent je n'arrive pas à la tourner. L'eau diamant met un peu d'huile là-dedans. Il faut aussi trouver la bonne serrure ; chaque schéma a une serrure. Ce qui est dur dans les schémas, c'est de mettre un nom dessus, et de mettre l'intention de bien les clarifier, ce n'est pas évident. Il faut quelquefois des semaines avant de comprendre quelque chose. Mais quand c'est compris, vous l'écrivez sur votre agenda, vous accueillez et vous mettez en décodage.

Quand c'est très profond et fossilisé, un choc émotionnel permet, comme un réflexe d'acupuncture, de percer l'abcès. Mais si vous comprenez cette mémoire avant, et que vous l'acceptez, l'accueillez, la déprogrammez, alors vous n'avez pas besoin de choc.

Questions-Réponses

Question : Comment voit-on que c'est déprogrammé ?

Vous le voyez dans l'entourage. Un jour, il y a 3 ou 4 ans, un homme est venu me voir et m'a dit : «Fais attention, il y a environ une dizaine de personnes qui veulent porter plainte contre toi, et vue ta position, vue la guerre contre les prétendues sectes, tu risques gros, parce qu'ils t'en veulent vraiment.» Je l'ai remercié, et le soir même — il n'y avait pas encore l'eau diamant — je demande à mon guide : «Montre-moi ce que cette menace, qui vient vers moi, me montre.» Et dans la nuit j'ai eu un rêve. On m'a montré une table, et autour de cette table il y avait d'anciens patients que j'avais soignés, il y avait aussi un commissaire de police, bref il y avait tous les gens représentant respectivement un schéma en moi. Donc, des schémas de victime, des schémas de policier qui contrôle, des schémas de gens qui veulent se venger etc. Alors j'ai compris que j'attirais cette menace parce que j'avais ça en moi. J'ai déprogrammé ça avec un produit que j'avais fait avant l'eau diamant, moins efficace mais qui marchait déjà bien. Six semaines plus tard je revois cet ami qui me dit : «Tu sais, tu n'as plus rien à craindre, ils ont laissé tomber, ils n'en ont rien à faire.»

Ce que j'ai compris, c'est que nos mémoires subconscientes alimentent celui qui va nous frapper. Si elles ne l'alimentent plus, il laisse tomber le bâton. C'est l'histoire de la poutre et de la paille, de Jésus, qui disait que si tu vois une paille dans l'œil de ton prochain, c'est que tu as une poutre dans le tien. Vous avez remarqué qu'une poutre et une paille, c'est cylindrique ? C'est exactement la même forme, donc ce que l'on voit chez l'autre qui nous fait mal — ou même qui ne nous fait pas mal — c'est qu'on l'a en soi, souvent en plus grand, ou plus petit, ou non exprimé. Et là vous risquez d'être surpris, car on va vous montrer des choses en vous que vous n'auriez jamais pu imaginer.

Revenons à cette femme qui a eu un père dictateur et une mère soumise. Si cette personne, selon l'évolution de son âme, son niveau, ce qu'elle a à vivre, sa feuille de route, a souffert de la dictature que son père exerçait sur sa mère et sur elle-même, elle va forcément refouler tout ça dans son subconscient : la mère soumise et le père macho, dictateur. Et quand elle aura 16 ou 17 ans, elle va tomber amoureuse d'un garçon féminin, qui va exprimer le côté soumis, donc qui aura la domination dans son subconscient. Ce garçon sera tendre, féminin, et lui dira toujours «c'est bien ma chérie, tu as raison...». Ça marche un moment, parce que ça la soulage de ce qu'elle a vécu avant, mais au bout d'un certain temps, elle va sortir les énergies du père dictateur et va devenir la femme dictatrice, et le garçon va se retrouver devant sa mère. Quand les premiers temps d'euphorie sexo-émotionnelle vont être saturés, les schémas vont venir sur la table, et c'est là qu'il faut travailler la relation. Le véritable amour peut alors commencer à naître, si on le travaille et qu'on le construit. Plus cet amour croît, moins il y a d'attraction, donc moins il y a de répulsion. Car les attractions ne sont pas de l'amour, mais il faut les vivre aussi. C'est là qu'en déprogrammant ces mémoires, vous commencez à arriver à l'amour du cœur et à enlever les voiles qui sont dans les relations, et ceci est valable aussi dans une relation hiérarchique au bureau ou ailleurs. Ça change tout le comportement de l'autre.

Alors, si cette femme devient une mégère et son conjoint est soumis, celui-ci va craindre sa mère et va se chercher une maîtresse qui sera plus jeune, qui jouera la fille, et là il va pouvoir sortir son côté dominant. Vous comprenez? Sa femme, elle, en aura marre d'un homme à qui il faut mettre des «pampers», et elle va tomber amoureuse d'un macho et jouer sa mère soumise. Vous voyez le cirque? On joue ce scénario depuis des générations et des générations, et c'est pour cela qu'en fait on n'est pas libre. On est comme des clones programmés par ces mémoires. On est programmé comme un ordinateur! Mais si une âme est assez évoluée elle va se demander: «Comment se fait-il que ton attitude soumise me mette tant en colère? Comment se fait-il que tu ne prennes pas tes responsabilités?» Alors elle va dire: «Ah, tu exprimes le contraire de ce que mon père faisait. Ça veut dire que dans ton subconscient tu as les énergies du père dictateur. Donc, je vais guérir mon père dictateur en moi. Quand j'ai eu des vies d'homme, j'ai manifesté des comportements dictatoriaux et d'autres de complète soumission, donc il faut que je déprogramme les deux.» Et à partir du moment où cette femme commence à décoder, l'homme qui s'éveille souvent un peu plus tard va forcément changer de comportement, même s'il ne veut pas entendre parler de ça . Si elle sait qu'il a une maîtresse de 20 ans alors qu'il en a 45, et qu'il la domine, il quittera cette relation.

J'ai dit ça un jour à un homme marié qui avait surpris sa femme au lit avec un autre, et il l'a démolie psychiquement. Il n'a pas divorcé parce qu'elle l'a supplié de ne pas le faire. Suite à cela, le fils se droguait, et lui, avait de gros problèmes d'estomac. Alors je lui ai dit: «Si vous étiez marchand de légumes et que vous ayez un client qui, tout d'un coup, va acheter ses salades à côté, est-ce que vous allez le démolir, lui taper dessus? Vous allez d'abord regarder si vos salades sont fraîches, si le prix est raisonnable, et si vous êtes souriant. Est-ce que ça vous est arrivé de regarder en vous pourquoi votre femme est allée ailleurs ? Allez lui demander ; allez lui en parler ; et si vous l'aimez vraiment et qu'elle était plus heureuse ailleurs, vous devriez être content, parce que l'amour, c'est que l'autre soit heureux. » C'est facile à dire avec des mots, mais dans la pratique on y arrive quand il n'y a plus cet attachement dû au pôle plus et au pôle moins, comme les aimants plus et moins qui s'attirent et se repoussent, donc ça colle, ça fait des relations collantes. Et le mariage humain, c'est un peu ça. Mais il faut le vivre, il faut y passer, c'est une école où l'on transforme, transcende et comprend. Mais sachez que jamais la Vie, jamais Dieu, n'a voulu que vous soyez liés à un homme ou à une femme toute votre vie. Ça, c'est une histoire humaine. Car jamais un seul partenaire ne peut faire le miroir de tous les schémas que vous avez en vous, et heureusement, sinon vous vous battriez, ce serait trop concentré.

Tout ça paraît simple sur le papier, mais je vous assure que lorsque vous allez rentrer chez vous, ce ne sera pas simple. On va maintenant essayer de donner des exemples. Ce serait bien que vous posiez des questions sur des situations, sur des choses qui vous intriguent, et même sur l'eau diamant si certains n'ont pas assisté à la conférence.

Une personne, ici, a des talents de médiumnité dans son âme, de choses extraordinaires, mais chaque fois qu'elle met de l'eau diamant sur son corps, ou qu'elle en boit, elle a des choses qui bougent autour d'elle, une lumière qui vient et qui éclate. Elle voudrait savoir comment décoder ça. Il y a une peur, car elle ne maîtrise pas le phénomène.

Si ça m'arrivait, voici ce que je ferais. Je me dirais : Je suis sûr qu'il y a des choses extraordinaires qui viennent à moi, mais je ne les contrôle pas, j'en ai peur. Pourquoi cette peur ? Je mettrais déjà une intention dans l'eau diamant : « pourquoi ai-je cette peur de toutes ces choses inconnues qui m'arrivent, qui sont énergétiques ; d'où vient cette peur ? » Et je boirais mon verre d'eau. C'est bien de faire ça avant la nuit, de cette façon tu auras un rêve qui te dira quelque chose. Il est fort probable que beaucoup d'entre nous avaient ces capacités, dans les temps anciens, d'autant plus que nous n'allions pas à l'école, nous n'étions pas instruits, donc nous développions plutôt notre côté intuitif. Ainsi, il y avait beaucoup de médiums et de guérisseurs, que les églises d'ailleurs appelaient des païens. Les païens étaient pour la plupart des gens extraordinaires, car ils avaient développé ce talent d'intuition, de communion avec la terre mère, avec la nature, les plantes, la lune, le jardin, les elfes, les élémentaux de la nature, les anges etc. Mais à une période donnée, un grand nombre de ces gens ont été mis sur le bûcher, comme « sorciers ».

Il suffit que tu aies vécu ça, pour qu'au moment où cette mémoire de médiumnité revient, il y ait en même temps la peur qui l'accompagne. Peur d'être trahie, d'être persécutée, d'avoir mal et de souffrir ; ou bien la peur d'être la risée — si tu as vécu ces phénomènes-là alors que tu faisais partie d'une famille aristocratique très guindée où tu as été la risée des invités, par exemple. C'est peut-être quelque chose dans ce goût-là. Si tu demandes à l'eau diamant, tu auras la réponse dans un rêve, ou même par ton facteur, ton boulanger, ton fils, ton compagnon, ou par ta sœur, qui va te raconter une histoire, et dans cette histoire il y aura la clé de ton problème. C'est cela qui est difficile de capter.

Je vais vous donner un exemple. Il y a 3 ou 4 mois, une femme m'appelle et me demande : « Joël, peux-tu m'expliquer ce qui se passe ? » Et elle me raconte que son chat a sauté sur un meuble dans son bureau, faisant bouger une échelle qui en tombant a cassé un buste en pierre qu'elle avait ramené de Grèce. En fait, elle avait un buste de femme et un buste d'homme. Celui-ci est tombé sur son pied droit et il s'est cassé. Le côté droit, ça signifie plutôt le côté masculin de l'âme. Donc, le buste d'homme a été cassé par le chat. Le chat, dans les rêves, c'est le côté sensuel et sexuel féminin, même chez un homme. Je lui ai demandé : « Est-ce que tu n'as pas un côté sensuel/sexuel qui a tendance à casser l'homme ? Est-ce que tu n'es pas un peu du genre bottes de cuir et fouet ? » Et elle m'a répondu : « C'est bizarre ce que tu me dis, parce qu'il y a quelques mois on est allés à une fête masquée, chez des amis, et je m'étais déguisée de cette manière. » Alors je lui ai dit de mettre en décodage ces énergies-là, de la femme qui martyrise l'homme, qui joue avec lui, du chat qui joue avec la souris, et en même temps de mettre aussi l'homme qui se laisse faire comme une carpette et qui ne se fait pas estimer auprès de la femme trop sexuelle et sensuelle. Le chat souvent symbolise cela, même dans les rêves.

Si une femme rêve d'un chat méchant qui lui saute au visage, et que ce schéma grandit avec l'âge pour devenir un léopard, ou une panthère, c'est souvent une femme qui a rejeté et ne veut pas reconnaître en elle l'instinct de la femme sauvage, qu'il faut absolument reconnaître et aimer avant que la sexualité puisse se transcender. On a tellement été programmés à rejeter ça parce que c'était considéré comme un péché, que l'on a souvent ce problème-là. La femme qui fait ce genre de rêve, c'est qu'elle a ce blocage-là. D'ailleurs, elle est souvent horripilée ou en colère quand elle voit une femme sexy. Elle réagit à ça, parce qu'elle a cette femme sexy en elle dans sa partie non-exprimée. Sachez que dans les histoires du plus et du moins, on a les extrêmes inverses. C'est-à-dire que plus une personne exprime quelque chose de très caricatural, plus elle a le côté inverse — et quand il se retourne c'est violent en général. Par exemple, dans l'histoire de l'homme soumis dont on a parlé, qui a son dictateur derrière lui, si c'est très fort, le jour où le couple va divorcer, cet homme va sortir son dictateur et faire une guerre sans merci à sa femme au tribunal. C'est comme ça que cela fonctionne.

J'aimerais aussi parler des *problèmes d'argent*, parce que je suis passé par là, et c'est seulement bien des années après que j'ai compris pourquoi je me suis retrouvé sans un sou. J'ai compris que dans beaucoup de vies antérieures, j'ai eu des vies aristocratiques, où j'étais Monsieur le Comte, ou Madame Machin, et que peut-être dans ces vies je me suis centré sur l'image sociale, sur la fortune personnelle, en méprisant les ouvriers qui étaient pour moi de simples larbins uniquement là pour m'enrichir. De ce fait, dans cette vie-ci, cette mémoire de larbins, de pauvres, de gens soumis à un système d'esclavage s'exprime, et j'attire devant moi un désert financier. Même quelqu'un qui a un métier où il gagne correctement sa vie, s'il fait un chemin d'évolution, un beau jour cette mémoire sort et s'exprime, et il se re-trouve sans rien. Il perd son boulot, sa maison, et il se retrouve alors dans l'épreuve du dépouillement, qui est nécessaire, mais si on comprend avant, ou au début que l'épreuve arrive, on l'avorte ; on change le film sur l'écran. Et c'est pour cela que je vous dis, parce que je sais que parfois ce n'est pas évident au niveau financier dans la vie que nous menons maintenant, si vous avez des problèmes d'argent, voyez en vous ces mémoires-là. Comment pouvez-vous savoir que c'est vraiment ça ? Hé bien, en regardant autour de vous les personnes que vous avez attirées. Si vous avez attiré des gens assez aisés, ou pas aisés du tout mais qui ont des manières un peu guindées, empruntées ou protocolaires, vous pouvez être sûrs que vous avez ces mémoires-là en vous. Donc vous pouvez les mettre en décodage, en disant « j'ai l'intention maintenant que toutes ces énergies aristocratiques basées sur l'image, le snobisme etc. deviennent simples, authentiques, et reconnaissent quand même la vraie souveraineté intérieure, la vraie noblesse intérieure, qui n'est plus une no-blesse factice, basée sur le nom, l'image et la fortune. C'est intéressant de savoir cela.

Réponse à une question.

On met l'intention devant le verre d'eau, pas dans la bouteille. Il n'y a pas de méthode, il faut que ce soit spontané. Il ne faut pas non plus mettre des tonnes d'intentions, sinon on tombe dans la méthode et dans la rigidité. Par rapport à l'exemple cité, l'intention peut être de transformer cette mémoire ou de la rendre plus christique, plus dans l'amour, plus dans le partage ou des choses de ce genre. Mais de toute manière, notre langage étant dualiste, même cette intention est fausse à la limite. Il n'existe pas de langue uniciste, ça n'existe pas, donc il ne faut pas t'inquiéter, car en fait les intentions ne sortent pas de la tête, mais du plexus solaire sous forme de fréquences lumineuses, et ces fréquences sont justes, de toute manière, même si tu ne mets pas les bons mots, ou si ce n'est pas tout à fait bien ciblé.

En fait, j'ai remarqué trois étapes. Il y a d'abord *l'acceptation*. Elle se fait avec la tête : j'accepte que cette personne, ou cet événement malheureux qui m'arrive, soit quelque chose que j'ai provoqué ; cette personne est une partie de moi. Cela est mental, mais c'est déjà une preuve d'humilité, c'est-à-dire que l'on a mis l'orgueil au placard. Oui, d'accord, ce que l'on me montre n'est pas terrible, mais je l'ai en moi, c'est une cassette, une vidéo que j'ai là. J'essaye de ne formuler aucun juge-ment : ce n'est ni bien, ni mal. Je suis sûr et certain que toutes les atrocités que l'on voit dans l'humanité en ce moment, on les a toutes au moins dans une cel-lule, chacun d'entre nous. Si on les avait dans 10 milliards de cellules, on passerait à l'acte, comme eux, parce que le moteur serait trop fort. Donc, vous voyez, on ne peut rien juger ; tout est juste.

Ensuite, il faut essayer d'arriver à *l'accueil*. Et ça, ça se fait avec le cœur. Mais malheureusement, le cœur, on ne le commande pas, il faut que ça vienne tout seul. Alors le passage qui est ici, il peut parfois durer trois semaines, un mois, deux mois, six mois, parce que là il y a des colères, des rébellions, des rancunes ; on n'arrive pas à pardonner. Même si on sait que c'est vrai que cette personne est une partie de nous, elle nous a tellement fait mal pendant 25 ans qu'on n'en peut plus. Alors là, il faut reconnaître simplement la réaction. Le passage des réactions est là, entre la tête et le cœur. Par contre, dans ce passage-là, si vraiment il y a une rancune très forte, une grosse cicatrice, on peut mettre l'intention dans l'eau diamant d'arriver à l'accueil, d'arriver à accueillir et aimer cette personne qui nous a fait souffrir pendant 20 ou 30 ans.

C'est très valable dans le travail avec papa et maman, parce qu'on a tous plus ou moins des griefs contre eux. Et en général, ça va plus vite. Quand on arrive à l'accueil, il y a même quelquefois ce que j'appelle l'émotion du cœur. C'est-à-dire que l'on prend vraiment conscience que ces êtres — la maman, le papa ou quelqu'un d'autre — qui ont été un peu durs avec nous quand nous étions enfant, sont eux aussi venus avec un sac à dos de mémoires, qu'ils ont été éduqués dans un système qui était beaucoup plus étriqué que maintenant et qu'ils ont fait ce qu'ils ont pu ; ils nous ont donné tout ce qu'ils ont pu donner, même si c'était très peu. Même s'ils nous ont donné des baffes ou ont été radins avec nous, ou sans affection, ou sans dialogue, c'est parce qu'ils n'étaient pas capables de le donner à cause de toutes ces mémoires qu'ils avaient. Et nous, dans leur cas, nous aurions fait la même chose. À partir de là, la réaction commence à tomber. On commence à comprendre que c'est nous-mêmes qui avons choisi nos parents pour ne surtout pas oublier ce que nous avions à comprendre dans cette vie-ci, afin de le guérir et le transformer. Il y a alors une émotion du cœur, une émotion d'amour, et quand vous en arrivez là, vous remarquerez que la prochaine fois que vous verrez vos parents ils ne seront plus pareils. Il y aura beaucoup plus de fluidité dans la communication, plus d'authenticité ; ils vous révéleront des choses de leur vie qu'ils ne vous avaient jamais dites. Ils seront plus fraternels.

C'est seulement alors que vous pouvez mettre l'intention dans l'eau diamant de transformer, de rendre transparent, de rendre christique — selon votre langage —, de vous libérer, s'il y a une vieille peur, une cicatrice, une vieille souffrance qui est là, de vous libérer de cette souffrance qui ne vous appartient plus. Le gros travail, il est là : *ce n'est pas l'eau diamant qui fait le travail, c'est vous.* Mais l'eau diamant, en voyant tout cet amour que vous avez pour vous-même et ces parties de vous, va automatiquement intervenir au niveau cellulaire, pour que vous fassiez en un an ce que vous feriez en dix ans. C'est juste cela la différence. Mais quelqu'un qui fait cette démarche et qui n'a pas l'eau diamant arrive quand même au résultat. Ne prenez pas l'eau diamant pour une panacée miracle. Elle accélère seulement votre travail.

Celui qui n'a pas connu ses parents, s'il a vécu dans un orphelinat ou dans une famille adoptive, c'est qu'il a choisi les gens de l'orphelinat ou ceux de la famille adoptive comme miroir pour se rappeler, mais sur le terrain d'une autre génétique. Là, il y a souvent une subtilité. On voit des familles, notamment chez les adoptés, où la personne est née d'une génétique, et aussitôt est allée avec un autre père que le sien qui lui a donné les miroirs, mais sur une génétique qui n'est pas la sienne. C'est le cas, par exemple, où le père adoptif n'est pas très évolué, il a été choisi par une âme avancée qui doit faire un chemin approfondi et qui doit se rappeler des mémoires que ce père adoptif va lui transmettre, mais elle ne veut pas de sa génétique parce qu'elle n'arrivera pas dans ce cas à la transformer, du fait que ces mémoires seraient trop ancrées et fossilisées dans sa chair d'incarnation. Elle va choisir la génétique d'un père plus avancé, mais quand même prendre les mémoires de ce père moins évolué pour se rappeler qu'elle doit les guérir, et elle va les guérir beaucoup plus facilement que si elle avait la génétique de ce père-ci.

Les enfants adoptés recherchent leur vrai père et leur vraie mère, on les comprend, d'autant plus que l'on a cultivé le culte du père et de la mère, ce qui est une usurpation de la paternité de Dieu et de la maternité de la terre mère. Souvenez-vous que Jésus a dit : *N'appelez personne sur la terre votre père, car un seul est votre Père.* C'est vrai que des adultes qui procréent un véhicule font un acte d'amour et d'accueil, parce que c'est tout un travail d'avoir un enfant pendant 20 ans à la maison, il faut s'en occuper, et même après. Mais les parents n'ont aucun droit de propriété sur l'enfant, ni aucun droit de lui imposer quoi que ce soit, ni aucun droit d'autorité. Ils doivent simplement lui donner les structures de base pour qu'il soit ancré, et le laisser faire ce qu'il a envie de sa vie, en lui donnant les conseils ou les suggestions qu'il demande. C'est tout. Mais si un jour il veut s'en aller et ne plus nous voir pendant 40 ans, il ne devrait pas y avoir de problème, pas d'attachement et de possession. Mais comme nous sommes endoctrinés dans cette histoire tribale, mammifère, il y a encore cela, et l'enfant veut souvent retrouver son père et sa mère biologiques pour voir de quoi ils ont l'air. Mais quand il les retrouve, ça ne va pas, parce qu'il a pris les schémas des parents adoptifs. C'est là que l'on voit que le lien génétique est un terrain de base, mais ce sont les poireaux qu'on y a mis qui comptent.

Au sujet de ces schémas, je pense souvent, à la parabole du Fils Prodigue, de Jésus. Vous vous souvenez de cette parabole, où le père donne de l'argent à un fils, qui, lui, va le gérer correctement, honnêtement et sérieusement, alors que l'autre fils prend l'argent, fait les quatre cents coups, fait la fête, devient un débauché et gaspille tout. Une fois qu'il se retrouve SDF, sans rien, au lieu d'être salarié chez un étranger il revient pour se salarier chez son père. Le père le voit venir, dans un piteux état—il représente le schéma que vous avez conscientisé—et par amour il lui ouvre les bras, il ne lui pose aucune question, ne lui demande même pas où il est allé, ce qu'il a fait de l'argent, de toute cette énergie divine qu'il a gaspillée, et en plus il lui fait préparer un banquet, il lui fait la fête. Dans ce cas-là, c'est un travail qui, chez moi et dans mon entourage développe beaucoup le côté féminin, la compassion de la Mère divine, qui ne tient pas compte de ce qui a été fait mais de ce que la personne est, et de sa volonté du moment présent.

L'intention du moment présent de ce schéma, c'est de revenir vers Dieu. Supposons que vous avez un schéma de vol en vous et que ce schéma veut revenir vers Dieu mais ne sait pas comment faire. Qu'est-ce qui va se passer ? Il y a un voleur qui va venir cambrioler votre maison, et ce voleur, attiré par cette mémoire, vous montre que cette mémoire veut revenir vers Dieu. Mais tant que votre véhicule, qui est en fait l'éprouvette de transformation alchimique christique prévue pour transformer cette mémoire, n'a pas accepté, en ouvrant l'estomac mental—c'est-à-dire tant que le mental n'a pas accepté et que le cœur n'a pas fait un banquet à cette énergie de vol que l'on a en soi et que l'autre a montré—automatiquement cette mémoire va rester la même et vous allez mourir avec, et dans l'autre vie vous allez encore vous faire voler et ainsi de suite, le manège va tourner sans arrêt. C'est ce qu'on peut appeler mourir idiot : on a robotisé, on a fait le même tour. Tandis que là, vous remarquerez qu'en décodant ces mémoires, vous refaites quelquefois le même tour mais une spirale au-dessus. Cela devient de moins en moins traumatisant. Vous allez voir, si vous décodez une mémoire de vol, puisqu'on parle de cela, six mois plus tard, dix mois plus tard on vous la remontre, mais en moins fort, c'est-à-dire qu'on va vous voler votre rouge à lèvres, ou une bricole quelconque, et c'est un peu moins fort à chaque fois. Et là, vous la remettez encore en décodage, parce que ce sont des mémoires qui remontent par couches, comme les alluvions, comme la vase d'une rivière, qui remonte en surface. On ramasse et il y en a une autre qui remonte, et ainsi de suite...

Jusqu'au jour où vous arrivez au noyau central (je pense que dans les légendes, cela s'appelle le gardien du seuil), où tout se trouve là encore, mais en tant que germe. Et là, un autre travail doit se faire, qui doit être une brisure, une cassure par le feu, par le feu cosmique et la montée de la Kundalini. À ce stade vous êtes réalisé. En gros, c'est ainsi que ça fonctionne. Mais si vous n'arrivez pas à aimer, parce que c'est trop difficile, pensez à cette parabole du Fils Prodigue. Pensez que cette mémoire vous talonne pour revenir. Donc, qu'est-ce qui se passe ? Dans votre subconscient et dans votre conscient, c'est un puzzle, et ce puzzle immense où se trouvent 1500, 2000 mémoires différentes, des grosses, des petites, des anciennes, des plus récentes, chaque fois que vous accueillez et que vous transformez, c'est comme si vous retrouviez une pièce du puzzle. Ainsi, le paysage de votre personnalité commence à se dévoiler, ce qui fait que vous vous connaissez de mieux en mieux et de plus en plus complètement. Et le fait de vous connaître de plus en plus complètement vous amène à connaître les autres de plus en plus complètement, et par conséquent à les aimer encore plus, ce qui fait que les autres vous aiment d'autant plus, et en étant aimés encore plus vous attirez à vous la joie, l'abondance, la sérénité, la liberté et la certitude que vous êtes souverains de votre vie et que vous avez la clé pour agir en toute puissance sur l'écran de votre vie, *en changeant à l'intérieur sans jamais rien corriger, ni imposer, ni rectifier à l'extérieur.*

Dans le passé, je corrigeais tout. Ça m'arrive encore maintenant. J'étais un professeur. Cette énergie de l'élève et du professeur est actuellement transformée. Aujourd'hui quand je vois quelqu'un faire une erreur, je ne lui dis rien, je le laisse faire, même s'il va aller se brûler ou se casser une jambe ; je ne dis rien, je laisse faire, et je me demande pourquoi j'attire la maladresse de l'autre en face de moi. Et quand j'ai compris qu'il me la montre, sa maladresse s'arrête. Donc, je ne l'ai pas corrigé. Il faut arriver à peu près à ça, mais pour ça il faut avoir confiance, car ce maladroit risque de casser le vase de Chine qui vous a coûté 100 000 F. *Il faut être spectateur observateur de soi, dans l'autre.* C'est de cette façon que vous décodez. Dans les rêves, tous les individus dont vous rêvez sont des parties de vous. Vous ne rêvez jamais des autres, parce que l'âme ne parle jamais des absents.

Réponse à une question sur le décodage.

Les schémas qu'il nous est proposé de transformer viennent l'un derrière l'autre, dans un ordre bien défini. On ne peut pas vouloir faire un inventaire et déprogrammer le tout en une seule fois, car dans ce cas on tomberait dans le piège éventuel du tourisme psychique avec une volonté et une ambition d'être le plus pur et de se réaliser très vite. Et là, c'est encore l'ego qui manifeste son volontarisme pour se garder vivant, ou vraisemblable et en tout cas reconnu. Les schémas, c'est un peu comme une pyramide de boîtes de haricots dans un supermarché, et tu ne peux pas en prendre une en bas, qui est peut-être celle de tes 18 mois ; car si tu la retires, c'est toute la pyramide qui s'effondre, et dans ce cas ton système nerveux ne tient pas. Mais comme tu es mère de famille et que tu as des responsabilités, tu ne peux pas te le permettre. Tu peux seulement arriver à une des boîtes qui sont en bas en enlevant celles qui sont en haut d'abord, l'une après l'autre, c'est-à-dire en enlevant le superficiel pour arriver au centre. Et qui est-ce qui te montre ces mémoires superficielles ? Hé bien, c'est le papa de tes enfants, ce sont les enfants. Ils te montrent les choses agréables et les choses désagréables, ou les choses qui ne sont ni l'un ni l'autre mais qu'il faut voir. Donc, ton compagnon a certainement des choses communes non seulement avec ton père adoptif, mais aussi avec ton père biologique. Ton père adoptif exprime-t-il exactement le contraire de ce que ton père biologique a exprimé, parce qu'on attire toujours l'une ou l'autre des deux facettes qui constituent les deux pôles contraires de chaque mémoire. Tu peux mettre dans l'eau l'intention très simple de traverser ce crash, mais à ce moment-là l'eau diamant va mettre en route un mécanisme, à travers ta petite fille, ou ta grande fille, ou ton mari, ou tes amis ici dans la région, ou à l'aide des rêves aussi, où l'on va te montrer et t'expliquer des choses qui seront les petits détails à éplucher avant d'arriver au centre. Et avant d'arriver du superficiel au centre, il y a peut-être 40 intentions à mettre sur 6 mois.

On va prendre un exemple tout simple. Supposons qu'une personne mette dans l'eau une intention banale, tout à fait matérielle. Cette personne fait un chemin, elle n'est pas très riche, elle vit avec une petite fille, et elle veut déménager, parce qu'elle vit dans un quartier bruyant, sale, et paye un loyer cher. Elle voudrait déménager dans un endroit particulier, dans un rez-de-chaussée, en ville, avec un petit jardin—ce qui n'est pas évident—ne pas payer trop cher, et avoir des moyens de transport accessibles pour que sa fille aille à l'école. C'est quelque chose de difficile à trouver, dans une capitale en tout cas. Alors, elle a mis l'intention, dans l'eau, de trouver un logement qui serait favorable à son évolution et à celle de sa fille. Qu'est-ce qui s'est passé entre le moment où elle a mis l'intention et où elle a trouvé ? Car ça s'est réalisé. Elle a pris conscience de plein de choses que lui ont montré d'autres personnes de son entourage, qu'elle a dû décoder tous les jours ou tous les deux ou trois jours, notamment les traumatismes des déménagements qu'elle a eus en étant bébé, par l'histoire qu'une voisine lui a racontée. C'est-à-dire que chaque déménagement avait été un traumatisme inconscient, mais elle ne le sentait même pas car elle avait été heureuse de déménager plusieurs fois ces dernières années. Mais une partie du subconscient disait : «j'ai peur, j'ai peur, j'ai peur», et la peur empêche l'événement de se réaliser. Il se concrétise sur l'écran de la quotidienneté. Si elle a écouté sa voisine lui raconter qu'elle a déménagé souvent et que sa fille en a été perturbée, et qu'elle comprend que cette voisine lui a parlé d'elle-même, dès qu'elle va rentrer chez elle, elle va se demander pourquoi elle lui a narré cette histoire. Peut-être qu'elle raconte l'histoire que j'ai vécue quand j'étais bébé et dont je ne me souviens pas parce que j'étais trop petite ? Elle a mis ça en décodage, et aussi d'autres petites choses, et de ce fait elle a trouvé le logement avec un loyer correct, dans un endroit de la ville semblable à un petit village, avec des maisons sociales, mais très propres, avec un jardinet et des moyens de transport tout proches. Cela s'est réalisé environ 2 mois plus tard parce que ce n'était pas une intention égoïste, c'était pour permettre une meilleure évolution de son âme .

Vous voyez, la question des intentions, c'est très subtil, et ce qui est difficile c'est de discerner que tous les humains qui sont autour de nous sont des parties de nous, et quelquefois il faut se demander : «Tiens, pourquoi me raconte-t-il ça ? Pourquoi le facteur me raconte-t-il que sa belle-mère est morte ?» Notre mental pense qu'on n'en a rien à faire, mais comme on est polis, on présente nos condoléances, et terminé. Mais en vérité, ce n'est pas vrai. La semaine dernière, Maria a fait un rêve où elle passait à travers les murs, et le lendemain nous étions dans un hôtel, et comme nous devions rentrer tard le soir j'ai demandé s'il était possible d'avoir une clé de la porte extérieure et l'hôtelier nous répondit : «Non non, mais j'ai un passe-muraille ici». Vous voyez ? Ce n'est pas par hasard qu'il a dit ça. Il faut prendre le temps, s'asseoir et dire : «tiens, ma femme (ou mon mari) n'a pas l'habitude de dire des trucs comme ça. Pourquoi me raconte-t-il cette chose ? Pourquoi réagit-t-il comme cela ?» Il faut se poser la question et toujours ramener l'expression de l'autre à soi, car c'est une partie de soi.

Même dans les relations. Il y a trois ans, l'eau diamant n'existait pas mais il y avait un produit. Une femme vient un jour chez moi et on discute face à face. Je sens une énergie d'attraction physique très puissante envers elle ; et elle aussi, je voyais qu'elle était un peu remuée. On discute deux heures, et elle rentre chez elle. Le soir, je mets l'intention, dans le produit que j'avais, de savoir pourquoi il y avait eu cela, je savais bien que ce n'était pas de l'amour, je savais bien que c'étaient des schémas qui s'attiraient comme des aimants. Dix ans auparavant, je serais entré dans l'expérience, et il m'aurait fallu six mois ou un an de relation avant de comprendre. Cette nuit là, je fis un rêve, où je vis cette personne qui était venue me voir, faire l'amour avec une autre femme. Je compris alors qu'en moi j'avais des mémoires d'homosexualité féminine, dans ma femme intérieure. Alors j'ai mis ça en décodage, avec l'intention que ces mémoires d'homosexualité féminine reprennent leur juste place, soient équilibrées et reprennent leur place normale dans une incarnation masculine, et même dans le côté féminin de mon âme. Un mois après, cette femme revint, pour me parler, et cette fois là, il n'y eut plus d'attraction, plus rien du tout. Je lui en ai parlé. Je lui ai dit : « Tu as senti la première fois qu'on s'est vus ? » Elle m'a dit : « Oui, je n'en ai pas dormi pendant huit jours. J'étais toujours tentée de te téléphoner pour qu'on aille manger au restaurant ensemble et qu'on se voit un peu plus intimement. » Alors je lui ai expliqué le travail que j'avais fait. Et je lui ai dit : « Mais, tu n'es pas homosexuelle ? Est-ce que tu as déjà eu des relations homosexuelles ? » Elle m'a dit : « Non, jamais, mais j'ai eu souvent des femmes qui me l'ont proposé », pour lui montrer qu'elle avait ça en elle, vous voyez ?

Donc j'ai vu ça en moi, cette femme me l'a montré. Que ce soit dans les attractions ou dans les répulsions — l'antipathie, la haine, le rejet — c'est la même chose, c'est l'autre côté de la même médaille. Si je ne lui en avais pas parlé du tout, parce qu'elle n'aurait pas été une personne ouverte à ce langage, ça ne se serait pas transformé chez elle. Mais, par contre, elle ne serait plus jamais venue me voir. Tant que la personne revient vous voir, c'est que le schéma n'est pas complètement terminé. Si c'est un gros schéma, très lourd, très ancien, qui a été répété pendant des vies, il faut le temps qu'il se lamelle par couches. Et à ce moment-là, la personne revient toujours, comme par hasard, ou vous la rencontrez dans la rue, c'est très bizarre. Du fait que je lui en ai parlé, je suppose qu'elle a mis ça en déprogrammation et que ça joue beaucoup. Dans un cas comme celui-là, cela change fortement les données car, quand on déprogramme ce genre de mémoires, des restes d'autres vies, cela change toute l'énergie dans les relations hétérosexuelles. Il faut savoir que dans un homme, ou une femme, il y a à la fois l'homme et la femme, et que peut-être ces énergies homosexuelles féminines en moi attiraient à moi des partenaires qui avaient cette énergie en tant que femmes.

Je vois ici beaucoup de gens jeunes, et je peux vous dire que beaucoup d'entre nous avons perdu beaucoup de temps dans des relations uniquement schématiques qui furent importantes pour voir ces schémas et les guérir. Comme souvent on a subi ces relations pendant longtemps, il a fallu 7 ou 8 ans pour guérir 3 schémas. Et ce n'est pas toujours drôle, il y a souvent des souffrances dans ces relations. Donc, si vous décodez les schémas au niveau de l'homme et de la femme intérieurs, surtout au niveau émotionnel, vous allez automatiquement être dirigé, aiguillé vers l'homme ou la femme qui va vous complémentariser beaucoup plus, sans perdre 10 ou 15 ans dans des relations laborieuses, où il y de la possession, de la jalousie etc.

Même les énergies de jouissance sexuelle ont souvent un rapport avec ces schémas. Par exemple, le cas d'une homosexualité féminine, même chez un homme comme moi, peut amener à avoir une forte jouissance avec une femme qui a ces mêmes schémas, sinon cela ne marcherait pas. Et ce n'est pas encore de l'amour, mais c'est bien de le vivre aussi. Maria et moi, nous connaissons le cas d'une dame, qui a un aspect un peu enfant. Elle a 50 ans, elle est petite, toute fraîche, toute frêle, et c'est une dame qui a eu son premier orgasme à 38 ans. Autrement dit, pendant 18 ou 20 ans de mariage, elle n'a jamais eu une seule fois du plaisir sexuel avec son mari. Ils ont divorcé. Ensuite elle a eu plusieurs aventures ; toujours pareil : le calme plat. On met dans ce cas l'étiquette « frigidité ». Et puis, un jour elle rencontra un homme avec lequel ce fut une relation passionnée. Il y avait donc là des mémoires copieuses qui s'attiraient l'une l'autre, dans cet échange elle eut son premier orgasme. Au bout de plusieurs mois de relation, elle s'aperçut que cet homme avait fait de la prison pour pédophilie, pour viol. Que s'est-il passé ? Ensuite elle alla faire quelques régressions dans des vies antérieures, et elle s'aperçut que dans d'autres vies elle avait été violée, par plusieurs hommes mais qu'elle avait pris du plaisir et avait eu un orgasme durant ce viol. Et elle était obligée d'attirer à elle un homme qui avait ces énergies-là pour pouvoir jouir. Vous voyez comment cela fonctionne ? Mais à partir du moment où elle comprend ce mécanisme et le décode, elle ne peut plus attirer ce genre d'hommes. C'est ce qui est merveilleux dans la relation. En plus, si on le fait à deux dans un couple c'est fantastique, parce que ces schémas finissent par se clarifier, s'apaiser, et peu à peu l'attraction émotionnelle s'en va. Ce qui reste, c'est une complémentarité, une harmonie, un genre de complicité de cœur qui se crée, et l'acte d'amour physique se fait à la demande de l'âme et non plus à la demande des schémas.

Cette femme s'est guérie. Elle a fait le travail de prise de conscience. Les gens qui ne font pas de chemin et qui vivent ce genre de relation, c'est la douleur qui transforme la génétique de leur chair. Mais si on peut le faire consciemment, il n'y a plus besoin de cette douleur, c'est ça la différence. Il y a plein de gens qui souffrent des traumatismes, des lâchers prises, des douleurs physiques, des maladies pour se transformer, mais si on comprend ce qu'il y a en nous avant, en regardant bien dans le détail tout ce qui vit à côté de nous, tout notre film, on n'a plus besoin d'aller jusqu'à l'épreuve qui fera souffrir. Même si c'est un schéma fortement fossilisé et profond, et qu'on le décode, l'épreuve sera courte et moins traumatisante.

Intervention : Ce qui est difficile, c'est peut-être le décodage, arrivé à comprendre ce qu'il y a derrière...

Oui, quelquefois il ne faut pas trop chercher à comprendre, il faut simplement accepter et accueillir. C'est bien de comprendre quand on est poussé à comprendre. Mais on peut aussi mettre des schémas en décodage, et les accepter, sans comprendre d'où ça vient et pourquoi nous avons ci ou ça, parce que c'est trop lointain ; ça vient peut-être d'il y a quinze mille ans... Un jour, j'ai demandé à mes guides pourquoi j'avais tant souffert pendant 45 ans, et je pensais avoir un sacré karma pour vivre cela. Alors, ils m'ont donné un rêve dans lequel il y avait une rue, et de chaque côté il n'y avait que des restaurants. Je devais rentrer dans chaque restaurant, l'un après l'autre, un côté de la rue après l'autre. Dans tous les restaurants c'était propre, clair. Mais il restait des miettes de pain sur les tables. Je devais ramasser chaque miette, dans tous les restaurants du côté masculin et du côté féminin de mes vies d'homme et de femme, pour tout nettoyer et tout récurer. Ça, ce sont les miettes, mais je vous assure que ce sont des miettes qui tiennent le coup !

Question : Par exemple, une personne qui est schizophrène aiguë, qu'est-ce que vous en pensez ?

Je ne me suis jamais occupé des schizophrènes, mais je crois que ce sont des personnes qui ne veulent pas s'incarner. D'ailleurs, souvent, le premier chakra n'est pas noué. Ces personnes sont à moitié au-dedans et à moitié au-dehors de leur corps, ce qui explique qu'elles sont souvent très médiums.

Vous avez devant vous un schizophrène aigu.

Ah oui ? Hé bien, on ne dirait pas. Alors, dans des troubles de comportement autres que ça, il est possible que vous ayez eu dans ce cas des paquets de schémas importants dans des vies antérieures. On va prendre par exemple, dans le plus et le moins que l'on a vu tout à l'heure, un individu qui est hyper doux et calme. Mais derrière, dans son subconscient, il y a une violence cruelle, meurtrière, jamais exprimée. Puis, d'un seul coup, pour une raison ou une autre, la girouette se retourne et il devient un meurtrier cruel et violent. Et deux heures plus tard, l'autre girouette revient et il devient l'homme auquel on donnerait tous les saints du monde. C'est un exemple très caricatural.

Ce diagnostic a été fait à la suite des vaccins du régiment.

Oui, alors peut-être que la girouette plus et moins a été un petit peu déstabilisée, et au moindre coup de vent, poum! Elle va dans l'autre sens, car il n'y a pas assez d'ancrage. Vous l'avez peut-être voulu, et si ça s'est fait à l'armée c'est que dans le temps vous avez eu une vie de militaire et que vous avez eu un comportement trop fort.

C'est peut-être un mal pour un bien, car je devais aller en Tunisie faire la guerre, et j'ai échappé à tout ça. C'est aussi bien.

Oui, c'est aussi bien, tout à fait.

Réponse à une question.

Tu as mis ton intention de déménager, admettons, et là tu vas te rendre compte qu'il y a une peur de changer de lieu, une peur de l'inconnu, inconsciente. On va te la raconter par ta voisine, ou une amie, ou un rêve. Ou tu vas comprendre qu'il y a peut-être la flemme de mettre tout dans les boîtes, ou ce genre de choses, et que tu n'as pas l'argent pour payer un déménageur qui ferait tout à ta place. Il faut mettre tout ça en décodage pour que ça se réalise. Tu peux avoir comme schéma un père casanier sédentaire, une mère qui veut tout le temps aller de l'avant, déménager, visiter du pays, mais un père qui est toujours dans ses pantoufles avec son saucisson, son journal et son béret. Dans ce cas-là, c'est peut-être cet homme intérieur en toi qui peut t'empêcher de déménager. Le papa et la maman sont vraiment la source la plus complète de toutes les mémoires que l'on a dans notre subconscient, puisqu'on les a choisis pour être imprimés d'eux en premier. D'ailleurs, ces schémas vous les retrouvez dans vos amies femmes et vos amis hommes. Mais quelquefois, c'est trompeur, parce que vous trouvez l'inverse. Par exemple, une femme qui a un père hyper radin va se marier avec un homme super généreux au niveau financier. Mais s'il est super généreux au niveau financier, c'est que dans son subconscient il a autant de radinisme. D'ailleurs, le jour où ils divorceront il ne donnera pas un sou. Il y a toujours les deux. Plus un schéma est exprimé fortement, plus il est fortement dans l'autre sens. Faites attention à ça quand vous rencontrez des gens. En même temps ça vous empêchera de confondre le faux don et le vrai don, et vous vous laisserez beaucoup moins acheter ou sensibiliser par le sentimentalisme.

Tu peux mettre l'intention que l'énergie casanière de ton père en toi se transforme en quelque chose de plus dynamique, de plus courageux. Mais il n'y a pas besoin de répéter cette intention, il ne faut pas que ça devienne fastidieux. Par contre, ce qui est bien, c'est d'avoir un agenda, et d'inscrire l'intention que l'on a mise tel jour; ou alors on a parfois un petit événement qui se passe au bureau par exemple, mais on n'a pas le temps de réfléchir parce qu'il y a des lettres à taper, le téléphone etc., alors on prend une petite note sur un carnet, et le soir on y revient : «tiens, ma collègue de travail m'a raconté ça, et cela m'a fait remonter une émotion, je ne sais pas ce que c'est». Quelquefois on ne trouve pas tout de suite, alors on dit : «J'ai l'intention de savoir pourquoi j'ai eu une réaction émotionnelle quand ma collègue m'a raconté l'histoire de sa fille qui est malade», par exemple — ou «que son mari a une maîtresse». Quand il y a réaction émotionnelle, colère ou autre, s'il y a réaction il n'y a pas d'action, ça veut dire qu'il y a là une mémoire.

N'oubliez pas : les actes faits par réaction ne portent pas des fruits heureux; on ne récolte jamais du bonheur après une réaction. Mais quelquefois il faut se le permettre aussi. Parfois cela fait du bien à l'autre qu'on se mette en colère sur lui, c'est qu'il en a besoin. Mais après, même si on a laissé sortir cette colère, c'est bien de s'asseoir et de réfléchir à la raison de notre colère. «Qu'est-ce qu'il a fait? Qu'est-ce que ça représente? Ah mais je me souviens, mon père faisait ça avec ma mère».

Réponse à une intervention.

En fait, quand il y a un jugement, ce n'est pas toi qui juges, ce sont ces schémas qui jugent; c'est encore un robotisme. Parce que toi, en tant que lumière, tu ne peux pas juger, tu en es incapable, donc c'est encore des schémas.

Comment se débarrasser de ce schéma?

Hé bien, prendre conscience, quand on juge que celui-là est bête, mesquin, ou ceci, ou cela... Le langage peut nous aider, je le dis aux autres même si j'ai encore du mal à le pratiquer. C'est-à-dire qu'au lieu de mettre une étiquette sur la personne, je me dis : «il n'est pas voleur, il n'est pas violeur, il n'est pas méchant, il n'est pas mesquin, mais il a de la méchanceté, il a des énergies de violeur, il a de la mesquinerie en lui qu'il laisse s'exprimer, mais lui est lumière.» L'individu est lumière, mais il n'est pas conscient d'avoir en lui une énergie de mesquinerie, une mémoire, il ne le voit pas. J'ai encore plein de mémoires que j'exprime et que je ne vois pas, mais je vais les voir le jour où on va me les dire, ou le jour où je vais les voir dans l'autre, et peut-être que je vais les voir dans 50 personnes et c'est seulement à la 51ᵉ que je vais en prendre conscience. Les schémas s'enchaînent l'un dans l'autre. Par exemple, une mémoire de vanité cache un sentiment de médiocrité, dans le subconscient. Ce sentiment de médiocrité est l'inverse de l'ignorance, parce que la personne ne sait pas qu'elle est lumière, mais cette ignorance est peut-être l'inverse d'une trop grande érudition intellectuelle qui a été l'objectif principal dans une vie. Mais cette grande érudition intellectuelle avait peut-être été cultivée à cause de l'image médiocre ou pauvre qu'avait la personne d'elle-même... Il faut que tous ces schémas se guérissent l'un après l'autre. Et c'est quand il y en a pas mal qui sont bien dégrossis, que vous êtes de moins en moins dans le jugement.

Question : Alors, juger, ce n'est pas discerner ?

Non, ça, c'est jauger. Quand tu jauges, tu ne juges pas. Cela ne veut pas dire qu'il ne faut pas voir la mesquinerie de l'autre ; cela ne veut pas dire que « tout le monde il est beau et gentil ». Là, c'est aussi un jugement, c'est une appréciation de valeur dans le bien et dans le mal, ce n'est pas terrible non plus. Si on fait une faute, on n'a pas à s'excuser ou à culpabiliser, parce que dans ce cas ça veut dire qu'on se juge. Et on a tous des juges intérieurs ; on a un tribunal dans la tête ! Jauger, apprécier, c'est du discernement.

Admettons que ce qui nous énerve, c'est de voir que quelqu'un est bête comme ses pieds, qu'il fait n'importe quoi dans sa vie. Ça veut dire que ce gars-là exprime la sottise, et que dans le fond de lui-même l'intelligence de son âme n'est jamais exprimée. Si vous, ici, vous exprimez l'intelligence, et que l'autre vous énerve, ça veut dire que dans votre subconscient il y a de la bêtise. Et comme le plus et le moins s'attirent, ça vous fait sortir une réaction qui est aussi une bêtise. C'est comme ça que ça fonctionne. Quand vous rentrez chez vous, vous voyez que cet individu vous a montré une partie de vous qui est bête, et vous avez l'intention que cette partie devienne sage et intelligente. C'est tout, et vous verrez qu'un mois après vous allez rencontrer ce gars, et il va faire des choses plus intelligentes devant vous et vous allez dire : « Oh, cette partie de moi a fait des progrès ! » Je vous assure que c'est comme ça. Et vous savez ce qu'il se passe aussi, pour moi — et ça peut vous arriver —, c'est que quelquefois il y a des gens, que je connais depuis des années, avec lesquels il y avait des frottements, c'est-à-dire des mémoires. Avec le temps, j'ai compris que j'avais ça en moi, j'ai accepté, j'ai décodé, j'ai déprogrammé, et ces gens qui étaient contre moi — du style : moins on se voit, mieux on se porte — maintenant ils prennent l'eau diamant, l'un après l'autre. Ça veut dire que ces schémas en moi sont en train de se transformer radicalement, c'est le message que l'on me donne. J'ai même vu des gens qui étaient absolument contre l'eau diamant, qui maintenant en prennent. C'est donc des vieilles parties en moi, des vieilles mémoires de chef de secte, ou de patron de l'église protestante, ou autre chose, qui sont un peu plus rondes, un peu plus dans la compassion et dans la conscience.

Parmi les gens qui ont l'eau diamant, il y en a qui m'ont dit : « Moi, je ne peux pas distribuer l'eau diamant. Elle me fait des effets formidables, mais chaque fois que j'en parle à des gens, personne n'y croit, on me prend pour une imbécile, et ils n'en veulent pas. » Ces gens-là lui font le miroir des parties d'elle qui ne veulent pas évoluer. Parce que je suis arrivé après, et ces mêmes personnes qui n'en voulaient pas l'ont prise tout de suite, elles en sont contentes et elles avancent. Mais par elle, ça ne marchait pas. Faites bien attention à ça aussi, quand vous avez des personnes qui la refusent, regardez, ce sont des parties en vous qui refusent de s'éveiller. Si vous ne voyez pas lesquelles, demandez, mettez l'intention dans l'eau de comprendre : « Quelle est cette partie de moi qui ne veut pas s'éveiller ? » Il y a une dame ici, qui me disait que ses fils adolescents ne voulaient pas entendre parler de l'eau diamant. Dans ce cas-là, cette personne peut demander de savoir quelles sont les parties homme en elle qui ne veulent pas évoluer. Et si elle veut aller plus loin, elle peut regarder son père, et elle verra dans ses fils son père et son mari. Elle verra des points communs, par exemple des choses sclérosées qui ne veulent pas avancer. Et là, elle peut les mettre en décodage, et elle sera peut-être étonnée que dans 3 semaines, dans 6 mois, 8 mois, un de ses enfants dira : « Maintenant je veux bien la prendre ton eau, je la trouve bonne. »

J'ai vu souvent le cas où la femme évolue d'abord, et l'homme souvent un peu plus tard. Ce n'est pas plus mal, parce que si c'était les hommes qui évoluaient les premiers, ils prendraient les rênes et les femmes seraient obligées de suivre, ça tomberait dans la dictature. Tandis que la femme est plus « cool », elle fait son truc, et l'autre suit ou ne suit pas. Mais c'est vrai que c'est parfois dur, ça entraîne des conflits « Où vas-tu encore passer ton dimanche après-midi ? Il fait beau, et puis ça nous coûte des sous tout ça… » J'ai vu une jeune femme de 30 ans qui depuis 6 mois déprogramme toutes les mémoires que son père et son mari lui montrent. Elle en a fait une sacrée liste ! Il y en avait plus de cinquante. Et qu'est-ce qui se passe ? Elle m'a dit il y a 15 jours : « Depuis lundi, j'ai eu une discussion profonde sur la réincarnation avec mon mari, alors qu'avant il ne voulait pas du tout y croire.

Il veut bien accepter de lire un bouquin.» Alors je lui ai dit que c'est parce que son homme intérieur commence à s'éveiller, parce qu'elle a décodé. Dans les relations conflictuelles, c'est formidable. Vous allez rentrer chez vous et vous allez vous dire : Par quoi je commence ?

Ne commencez pas aujourd'hui ! Ce soir, passez une bonne soirée, tranquille. Mais demain, par exemple, vous pouvez vous demander : Est-ce que dans ma famille, ou dans mes amis, il n'y a pas des relations qui se sont terminées par un scandale, ou des problèmes, de l'antipathie ? On a tous des choses comme ça dans nos familles. Admettons que vous ayez un frère, ou un beau-frère, que vous ne voyez plus depuis 10 ans à cause d'une histoire de partage d'héritage. Un des deux n'était pas content parce que l'un a eu plus et l'autre moins, l'un a eu la casserole en argent, l'autre le vase en cuivre qu'il ne voulait pas, bref, des enfantillages. Mais du fait de notre immaturité émotionnelle, on ne peut plus se voir, et même quand on se voit aux enterrements et aux mariages, on s'évite. Alors, vous pouvez commencer par ça. C'est un gros morceau, c'est très important, parce que tant que cette séparation est dans l'astral, par des liens nauséabonds qui sont là, automatiquement ça bloque aussi votre abondance financière, votre abondance professionnelle, votre abondance avec l'homme ou la femme avec qui vous vivez. *Parce que cette partie qui n'aime pas, votre partenaire ou vos enfants la prennent forcément en pleine figure, tout le temps.* Et comme dans le cas de la jeune fille dont le père incestueux ne passait pas à l'acte, ça rentre dans les schémas des enfants. Et chez les mamans c'est merveilleux, parce que tout ce que vous décodez par rapport à vous-même, à votre mari, à votre mère, à ceux que vous avez connus dans votre entourage, vous le décodez en même temps chez vos enfants, et ils n'auront pas besoin de vivre ces choses-là. C'est-à-dire qu'à 25 ans, ils vont faire des choses que vous faites seulement maintenant. Cette conscience va arriver. Je vois ca chez ma fille. Elle a une maturité, dans sa relation avec l'homme, que je n'avais même pas à 35 ans. Tout ça parce que je décode en moi. Et mes parents, maintenant ils s'aiment, au bout de 45 ans de mariage. Avant, ils se crêpaient le chignon. Je ne les vois qu'une fois tous les deux ans environ, mais le fait de décoder en moi les a fait se rapprocher.

Question : Comment faire pour décoder des choses avec des êtres dont on a perdu complètement le fil, après une séparation difficile ?

Tu dis par exemple : «J'ai l'intention que toute la charge de haine et d'antipathie qui existe entre moi et Jacques» (qui habite très loin et que tu ne verras peut-être jamais plus), «se transforme en amour. Maintenant, j'ai l'intention d'aimer cet homme—ou cette femme—, avec qui il y a eu une histoire grave qui nous a tous les deux blessés et qui fait que l'on s'évite.»

Tu as lancé l'intention, comme un pêcheur qui lance son hameçon, et après tu regardes ce qui se passe. Il y a des choses qui vont remonter en toi, mais si tu ne revois jamais plus cet homme en question, tu vas rencontrer d'autres personnes qui vont exprimer une énergie qui ressemble à la sienne, une d'entre elles pourrait même lui ressembler physiquement. Et à ce moment-là, cette personne va servir d'intermédiaire pour régler cette situation. Elle-même aura les mêmes schémas, les mêmes mémoires, qui risqueraient de frotter encore avec toi. Et elle va te montrer les mémoires en toi qui ont provoqué les frictions avec l'autre et entraîné la déchirure à une période où vous étiez plus jeunes et où vous ne connaissiez pas tout cela. On va donc t'amener une personne ressemblante, dans une relation peut-être, ou dans un travail, ou dans un voisinage, pour que tu guérisses ces mémoires en toi, et alors tu vas guérir en toi le lien avec cette autre personne en même temps qu'avec celle-ci. À un moment donné, ce sera guéri, parce que la relation qui t'avait été amenée s'en ira. Tu ne la verras plus jamais, ce qui veut dire que c'est guéri. Il se peut alors qu'un beau jour, 20 ans plus tard, tu reçoives une carte de bonne année de cette personne perdue de vue. Ce sera le signe que c'est guéri. Ça ne veut pas dire que tu vas devoir ou que tu auras envie de renouer la relation, mais s'il y a encore des petites miettes à guérir, ça va se faire, il y aura tout au moins un contact, un dialogue. Si c'est complètement guéri, tu auras un petit signe qui te le montrera, peut-être un rêve, où tu verras cette personne tout à fait cordiale et chaleureuse avec toi.

Ça, je l'ai vu. C'est magique! Quand vous voulez guérir une relation et que vous ne voyez plus la personne depuis 20 ans, parce qu'il y a un passif—«l'enfant» de la relation qui est malade—, hé bien on va vous amener une personne qui lui ressemble. L'eau diamant va vous diriger vers une photocopie de cette personne.

Question : Faut-il obligatoirement attendre le signe, ou peut-on envoyer soi-même la carte ?

Non, tu n'auras pas envie de le faire, parce que tu seras dans le doute quant à savoir si c'est complètement effacé ou pas. Car le problème, quand tu mets un schéma en décodage comme cela, que tu pousses des fils prodigues à revenir vers Dieu, vers toi-même donc, tu ne sais jamais quand c'est complètement guéri, sauf par la réaction de l'entourage. Autrement dit, tu sais que tu as changé de coiffure le jour où tu te regardes dans une glace. Les glaces, c'est quoi ? C'est tous les autres humains, c'est le chien, c'est le chat, c'est le moustique qui te pique à un endroit plutôt qu'à un autre, c'est tout ça qui est miroir.

Intervention : J'aimerais que tu parles aussi de ces petits tubes que tu avais hier.

Les appareils ADN 850 servent à faire de l'eau diamant, mais il n'y a pas besoin de les acheter puisqu'elle est multipliable. Par contre, on peut utiliser l'appareil pour méditer, encoder des gélules (deux jours dans un bol), des produits de beauté ou des huiles essentielles. Certains l'utilisent pour les soins... Pour encoder de l'eau, vous mettez le tube dans un verre, avec de l'eau, et vous laissez 12 heures. Le lendemain vous avez un verre d'eau diamant que vous pouvez multiplier à l'infini. Au début, certains faisaient l'erreur de le mettre dans 5 l d'eau, mais là il faut attendre 15 jours ou 3 semaines, c'est trop long.

Elle est multipliable à vie et pour des milliards de personnes. Toute l'eau que j'ai apportée en France, ou au Québec — il y en a dans 60 pays maintenant — venait d'un verre d'eau que j'ai fait au mois d'avril 2000. Donc, ça se multiplie. Ce n'est pas dilué, ça se multiplie. Tout le monde ne sent pas la différence avec d'autres eaux, au niveau de l'énergie, mais mon père qui a 77 ans, quand je lui ai apporté l'eau, il a mis ses mains autour et il a dit qu'il sentait que ça travaillait partout. Tout le monde n'a pas cette sensibilité, mais ça peut se développer. J'ai ici une lettre d'une dame qui n'a pas pu venir, et qui pose des questions. Elle demande quel est l'effet de l'eau diamant sur les médicaments, les anesthésies dentaires etc. L'eau diamant ne coupe l'effet du médicament allopathique que si c'est nécessaire et si le médicament est nuisible à la personne, sinon elle ne le coupe pas. Cette dame dit dans sa lettre qu'elle a vraiment sentie l'énergie de la Mère divine dans l'eau. Elle n'est pas la seule : beaucoup sentent une énergie féminine quand ils s'approchent de cette eau.

Question : Comment peut-on savoir, s'il y a une erreur de dosage, si c'est toujours de l'eau diamant ?

Vous avez vu que je conseille de mettre 10% d'eau diamant par bouteille, mais ce n'est plus tellement valable. Même si vous ne laissez qu'une cuillère à café, ne vous inquiétez pas, elle va se refaire quand même, mais attendez peut-être une heure de plus. Il y a quelqu'un qui a mis un litre et demi dans 400 000 litres d'eau polluée, et au bout de 7 jours il y avait déjà une diminution de 10% des métaux lourds radioactifs contenus dans cette eau. Ainsi, même une goutte dans un fût de 200 litres, ça va marcher, mais il faudra peut-être attendre 8 jours.

Question : Peut-on en mettre dans les sources ?

Une source, ça coule tout le temps ! Il vaut mieux en mettre dans les lacs et les rivières. Mais ce n'est pas grave, de la source elle coulera dans les rivières, qui reviennent à la nappe phréatique...

Question : Est-ce qu'on peut laver sa voiture avec l'eau diamant ?

Bien sûr, tu verras elle va briller plus ! Parce qu'elle coupe l'eau de javel dans l'eau et qu'elle détartre un peu l'eau. Je connais une personne qui lave ses sols avec et qui en met dans sa machine à laver, et j'ai fait une fois l'expérience d'en mettre dans la machine à laver pour laver des pulls ou des chemises, et lorsque j'ai mis ces vêtements sur moi, j'ai passé les mains dessus et senti l'énergie qui montait le long de mon bras. Le linge était doux et vivant. Avec un vaporisateur, vous pouvez en mettre sur le visage avant la crème du soir, ou au restaurant sur les aliments... Il y en a qui en mettent dans les radiateurs... Pas de problème, il faut vous amuser, il faut jouer avec elle.

Au départ, on peut avoir besoin d'en boire beaucoup. J'ai eu une période comme ça, il y a dix mois, où j'ai eu besoin d'en boire des quantités pendant des semaines, alors que je suis plutôt buveur de vin, mais pas d'eau. Ça a duré deux mois et ça s'est arrêté. Au début, aussi, on peut avoir une période de fatigue, c'est arrivé plusieurs fois. Il ne faut pas vous inquiéter. Mais c'est impossible d'en devenir dépendant à un niveau où le bien et le mal sont réunis, ce n'est pas possible. Moi je peux rester deux jours sans en boire, pendant un voyage, sans que ça me manque.

Question : Est-ce qu'il vaut mieux dire l'intention à haute voix ?

On peut le faire mentalement, mais n'oubliez pas que le son de la voix est porteur d'une énergie, donc l'impact est plus grand. Par contre, au bureau, si vous ne voulez pas que l'on vous prenne pour une débile, faites-le discrètement, mentalement, ou à voix basse, et ça va marcher quand même.

Question : Pour encoder de l'huile de lavandin, est-ce que c'est comme pour l'eau ?

Oui, mais on laisse l'encodeur plus longtemps, car l'huile est plus longue à encoder.

Question : Est-ce qu'on peut boire cette eau sans y mettre d'intentions ?

Bien sûr. Vous pouvez en donner à des gens qui la boiront sans y mettre d'intentions, des gens âgés par exemple. Les enfants aiment bien cette eau. Ils pourront dire : « j'ai l'intention de ne plus avoir le hoquet. » Ils boiront et tout de suite le hoquet disparaîtra.

Question : Si on superpose une intention à une autre déjà mise dans le verre ?

Aucun problème. On peut mettre quelquefois deux intentions dans le même verre, du moment qu'elles ne sont pas contradictoires.

Question : Qu'est-ce que cette eau « super ionisée » de Turquie ?

C'est toute une histoire ! C'est une eau qui est apparue un an avant l'eau diamant, et je ne la « sentais » pas vraiment. Un article sur Internet disait qu'elle avait été créée par des maîtres soufis, avec des chants sacrés. Et un Belge, très intéressé par l'eau, est allé à Istanbul pour en avoir le cœur net. Arrivé là-bas, il est tombé sur une usine, « Perfect Science », dirigée par M. Doyouk, un chercheur, un chimiste, qui lui a dit qu'il n'y avait jamais eu de soufis. Donc, cette eau a démarré sur un mensonge. Il y a là quelque chose de pas net. Cette eau a été créditée par Drunvalo Melchisédek, qui a écrit le livre sur la *Fleur de Vie*, et comme il est très connu et que beaucoup de gens boivent ses paroles, automatiquement cette eau est devenue célèbre très vite. On en parlait et elle se vendait. Moi, j'en ai eu un flacon, que j'ai mis dans mon bain pour essayer. C'est vrai que c'est une eau qui produit de l'oxygène ; on voit qu'il y a des ions supplémentaires. En revanche, elle n'a pas le niveau de conscience de l'eau diamant, ça, j'en suis sûr. Et ce qui est marrant, c'est que les gens qui étaient des fanatiques de l'eau de Turquie étaient absolument contre l'eau diamant. Donc, j'ai vu en moi, encore, des schémas de séparation, peut-être une mémoire en moi qui disait : « comme c'est moi qui l'ai faite, c'est mieux ! » Alors j'ai décodé ça, et il semblerait au bout de deux ou trois ans qu'existe cette eau de Turquie, que Drunvalo ait retourné sa veste. Le 27 mai, à Paris, il a dit devant deux ou trois mille personnes qu'il ne fallait surtout pas la boire ni l'utiliser, parce qu'il avait fait une enquête et qu'en fait tout a démarré sur un mensonge, l'usine a menti, cette eau n'a pas servi à dépolluer les marées noires qui se sont produites alors qu'elle était censée pouvoir le faire ; le laboratoire a été détruit dans un tremblement de terre, puis il y a eu une marée noire 500 mètres plus bas, et à l'endroit où il y a eu l'usine il a été versé 5 litres d'eau diamant, c'est bizarre aussi.

Je crois que je suis le seul à faire l'eau diamant. Je sais qu'aux États Unis un médecin a fait « l'eau cristal », qui est paraît-il très bonne et très belle. Je la goûterai un jour au Québec, parce que je sais qu'ils en ont pas mal là-bas, mais c'est encore autre chose. C'est une eau qui est bien structurée, qui a un beau cristal, qui est très belle, très pure. Mais l'eau que je vous donne ici, ce n'est pas tellement la pureté qui est importante en elle, c'est le fait qu'elle agit sur le treillis humain. Car en commençant à déprogrammer, même le peu que vous pouvez faire, vous lancez des petites boules de billard dans toute la toile d'araignée de la génétique de la race humaine. De ce fait, vous amoindrissez les épreuves qui vont nous tomber sur le dos, et qui sont déjà tombées sur pas mal de peuples, avec les inondations, les tremblements de terre, les génocides et tout le reste. Donc, *c'est plutôt ça le but de cette eau : c'est d'amener les êtres à une autre conscience, d'amener de la vie.* Si vous avez des enfants, petits notamment, faites-leur boire cette eau, et si vous avez des amies enceintes, faites-leur boire cette eau : elles vont alléger l'ADN de leur fœtus, et ça va permettre à des âmes plus libres et moins gênées dans les entournures de s'exprimer et de trouver leur axe plus vite, leur choix d'études, de livres, de relations… Elles vont moins tâtonner. On n'a plus de temps maintenant. Cette eau, c'est un peu un agent secret, qui va et qui avance, et vous verrez que des gens vous la refuseront, ils ne voudront pas évoluer. Ce n'est pas grave, il faut les laisser. De toute façon, un jour elle va pleuvoir cette eau. Le jour où il y en aura dans votre robinet et où elle pleuvra, il n'y aura même plus besoin de la boire, parce que l'eau du supermarché sera de l'eau diamant, mais ils ne le sauront pas. Elle va se propager dans les nuages, ça va pleuvoir, et peut-être dans 7 ou 8 ans il n'y aura plus que ça sur terre. C'est une épidémie !

Question : Est-ce qu'on pourrait encoder directement : on ouvre le robinet et hop, c'est de l'eau diamant ?

Tu ne peux pas dire : « j'ai l'intention que l'eau du robinet devienne de l'eau diamant », parce qu'il y a tout un travail scientifique et énergétique derrière, ce n'est pas possible. Tu peux mettre l'encodeur dans une réserve d'eau ou un petit vase d'expansion, bien sûr, mais il ne faut pas vouloir trop faire. Il faut laisser venir…
Je vais vous parler un peu des symboles dans les rêves. Est-ce que ça vous intéresse ?

Question : Qu'est-ce que les rêves prémonitoires ?

Ce sont des rêves où l'on va dans l'espace-temps et où l'on capte des événements. Mais si tu les captes, c'est qu'ils ont un rapport avec des schémas en toi, toujours.

Si tu rêves de catastrophes aériennes, cela a un rapport avec toi, parce que tu as peut-être vécu des catastrophes aériennes en Atlantide...

On va faire un petit inventaire, ce n'est pas très profond, mais ça va vous donner une idée. Mis à part les rêves du Moi supérieur qui vous annoncent le menu de votre évolution — mais ça ne vient pas tout de suite, c'est quand vous avez décodé un certain nombre de mémoires — *tous les rêves parlent de vos schémas*, que le véhicule qui s'appelle Jacques, ou André, ou Micheline, doit accepter, comprendre et conscientiser, car ce sont des parties de vous-même que vous ne connaissez pas et que vous n'avez peut-être pas vues dans votre entourage. Alors l'âme insiste, elle envoie un rêve en disant : « regarde ça ».

Tous les individus dont vous rêvez représentent des schémas, que ce soit papa, maman, le voisin, ou même des individus que vous n'avez jamais vus. Donc, quand on rêve, on ne rêve jamais des autres ; on rêve toujours de soi, et vous pouvez vous dire que dans la vie « réelle », c'est toujours le même rêve qui continue. En fait, on rêve toujours, on est tout le temps dans le rêve, sauf que dans le rêve il y a des excentricités qu'on ne verrait pas dans la vie terrestre, des choses très absurdes qu'on ne pourrait pas mettre en pratique dans la vie, mais c'est la seule différence. Car dans le rêve il n'y a plus de pesanteur, ni de temps, ce qui permet de faire des pirouettes.

Quand vous rêvez d'un individu que vous ne connaissez pas beaucoup, par exemple d'un ancien collègue de travail, essayez de voir la première impression que vous en avez. Quand vous voyez une personne dans la rue, que vous ne connaissez pas, vous avez une impression : sympathique, pas sympathique, ceci, cela. C'est cette première impression qui montre le schéma que vous avez en vous : radin, méchant, mesquin, c'est ça qu'on vous montre en vous. Quand ce sont des personnes que vous connaissez, on vous demande d'aller fouiller. Ça peut être la tante Machin, ou le cousin Jacques, qui a fait ceci ou bien s'est conduit de telle manière. Votre âme vous montre qu'il y a ce genre de mémoires de comportements en vous, et qu'il est temps de comprendre que si ce cousin était là, c'était nécessaire, vous l'aviez choisi.

Il y a d'autres symboles, comme *les moyens de transport*. Si vous rêvez que vous conduisez une voiture, c'est la manière dont vous conduisez votre incarnation.

Si vous rêvez que vous êtes passager et que c'est quelqu'un d'autre qui conduit, ça veut dire qu'il y a une mémoire qui vous pilote automatiquement dans des comportements qui ne sont pas les vôtres. Ça peut être le papa qui conduit, ou la maman, ou un cousin. Quand c'est quelqu'un d'autre qui conduit la voiture, ça veut dire qu'il y a un schéma qui conduit la personne dans un comportement qu'elle ne peut pas diriger elle-même parce qu'elle n'a pas le volant.

Si quelqu'un saccage une voiture, ça veut dire qu'il y a une partie de nous qui sabote notre comportement d'incarnation, une mémoire qui sabote. Si on ne sait pas laquelle, on peut demander de savoir quelle est exactement cette énergie, et d'avoir des précisions. Dans ce cas-là, je me mets en silence, je laisse venir, et ça vient.

Question : Et si tout d'un coup la voiture devient une voiture à pédales ?

Ah oui, ça, c'est pour montrer que dans l'incarnation, il y a peut-être une mémoire en toi où tu rames. On a aussi des mémoires en soi où on aime bien ramer, comme ça on s'attribue un mérite.

Après, quand vous rêvez qu'il y a quelqu'un derrière, des passagers, ces passagers sont des mémoires importantes dans votre subconscient. Par exemple, il y a 15 ans, j'ai fait un rêve où j'étais en voiture avec mes parents derrière. Je montais une côte, mais en marche arrière. J'évoluais quand même, mais je ne prenais pas le moyen le plus facile. On me montrait que dans mon mental il y avait une complexité qu'il fallait déjouer.

Les deux roues, c'est un côté de l'âme. Le motard, c'est le *cow boy*. C'est quelqu'un qui veut jouer John Wayne, le conquistador. Ce sont des énergies de domination que l'on a en nous, dans notre mental. La mobylette un peu, mais moins, et le vélo c'est un petit schéma qui se balade, très mini, une miette.

Les avions signifient souvent des énergies intellectuelles et mentales pas ancrées, qui font que l'on s'envole dans des scénarios mentaux inconscients, qui n'ont rien à voir avec la réalité que vous devez vivre. J'ai eu des rêves comme ça, et j'en vois chez des personnes qui font ce chemin de recherche, mais qui sont trop dans l'émotionnel mystique, dans le côté émerveillé ; elles ne sont pas vraiment sur terre et font souvent des rêves d'avions. Leur mental fait qu'ils sont là au-dessus, et si l'avion s'écrase ou explose, on vous montre avec ce rêve que ce comportement inconscient va vous amener des petits crashs, si ce n'est pas déjà arrivé. L'eau diamant a tendance à ancrer, enraciner, et ça va vous aider à être plus équilibré.

Et quand on vole, mais sans avion ?

Ça dépend. Ça peut être des exercices de voyages astraux, comme j'en ai déjà fait, également une préparation pour plus tard, parce que tu auras ce genre d'intervention à faire. C'est souvent ça, mais il y a d'autres interprétations.

Et quand on rêve d'écritures en sanskrit ?

Ça, c'est parce que tu as eu des vies indiennes, et que ça te revient. L'âme te le montre pour que ton mental ouvre une porte à la possibilité que tu aies eu des vies en Inde.

Mais je n'arrive pas à lire, ça va trop vite.

Ce n'est pas grave. Quelquefois votre âme va vous faire rêver d'une écriture égyptienne, et vous allez vous demander pourquoi. C'est pour que le véhicule accepte qu'il a eu une vie en Egypte. Le fait de l'accepter fait bouger des choses dans les neurones et dans le mental cellulaire, et d'autres mémoires vont pouvoir remonter après. Il faut d'abord l'accepter, sinon la porte se ferme.

Les autobus représentent la conscience collective. Ce n'est pas nous-mêmes qui conduisons, et nous sommes obligés de suivre le trajet de tout le monde. Comme le train, mais le train c'est encore plus rigide, moins souple dans la conduite. Ça veut dire qu'en nous on a des comportements de la conscience de tout le monde, qui font que l'on prend un chemin qui est le chemin de tout le monde, mais qu'il y a des parties de nous qui n'arrivent pas à sortir de ça. Le jour où vous rêvez que dans l'autobus il n'y a plus qu'une personne, c'est que vous avez bien nettoyé, dans le train aussi. Les trains, c'est une conduite de conscience collective, donc certains schémas qui se comportent comme la conscience collective mais sur des rails, donc c'est rigide.

Les grands bateaux, c'est pareil, c'est la conscience collective de ceux qui se sont créé un comportement pour cacher leur émotionnel.

Et quand le bateau vole ?

Oh la la, c'est compliqué ! Alors là, c'est vraiment le mental qui vole au-dessus de l'émotionnel et ne veut pas le voir.

L'eau, ça représente l'émotionnel. Souvent, quand c'est l'eau de la mer, ça peut représenter la mère, et la terre mère, donc notre relation avec la mère. Si cette eau est gelée — si c'est de la glace ou de la neige — ça signifie que pendant des vies et des vies, et peut-être même dans celle-ci, à cause de notre mental on a refroidi notre émotionnel, on ne l'a plus exprimé, il n'est plus fluide, il est devenu solide.

Au début, il y a 15 ans, je marchais sur la neige et je pensais que je faisais un chemin dans la lumière parce que c'était tout blanc. Mais c'est faux. Il y avait plein d'émotions en moi que je n'exprimais pas : des souffrances, des colères que je ne savais même pas que j'avais. Ça veut dire qu'on ne sent même plus ses émotions.

Et si on nous dit : « Tu as ça en toi », on dirait « Non, ce n'est pas vrai » parce qu'on ne le sent plus, c'est gelé. Alors là, il faut demander le dégel de ces choses.

Le supermarché signifie la manière dont on se nourrit dans la conscience collective. Et vous savez que la nourriture, Jésus l'a dit, c'est tout ce qui sort de notre bouche, c'est tout ce qu'on pense et comment on agit. Je vais vous donner l'exemple d'une dame qui rêve souvent de neige sur laquelle elle marche, car elle a beaucoup refoulé ses sentiments. Mais en même temps elle a une grande volonté pour évoluer sur le chemin, et je vais vous expliquer le rêve qu'elle a fait. Elle montait en voiture une côte. Donc ça, c'est son chemin. À un moment donné, la voiture s'essouffle, la côte est trop raide, donc elle est obligée de faire marche arrière et se gare sur un parking de supermarché, où elle reste un moment. Ensuite, elle repart, elle redescend le chemin, et elle trouve en bas un genre d'étang plein de neige toute boueuse. Le rêve s'arrête là. On lui montre que, mentalement, elle veut évoluer, mais comme elle ne le fait pas avec le cœur, elle va s'essouffler très vite. Automatiquement elle recule et se met sur un parking de la conscience collective — le supermarché — ce qui veut dire que pendant un an ou deux il n'y a plus rien, elle lit peut-être un peu, mais ne cherche, ni à décoder ni à avancer, et c'est bien, c'est nécessaire pour qu'elle redescende après dans les émotions boueuses qui ont été occultées pendant très longtemps. C'est un travail sur ces émotions qu'elle doit faire d'abord avant de remonter, et quand elle aura fait ça, elle va remonter toute seule, sans le vouloir.

Une inondation, ça peut être une partie de cet émotionnel qui a été refoulée, qui va remonter à la surface et provoquer une crise émotionnelle.

Et l'inondation après un tremblement de terre ?

Le tremblement de terre, c'est un petit choc dans la génétique, alors l'émotionnel va sortir. On t'annonce ca. Tu as eu ça cette nuit ? C'est bien. Le tremblement de terre, c'est vraiment un choc qui va arriver dans la génétique. Mettons que votre maison brûle et que vous en êtes perturbé pendant 3 mois, ça, c'est un tremblement de terre.

Quand on rêve qu'on rêve, c'est peut-être un message pour te dire : Attention, dans ta vie il y a des moments où tu n'es pas très présent. Tu planes !

J'ai rêvé que j'étais au bord d'un ruisseau qui avait une certaine pente, l'eau coulait, très belle, et il y avait devant moi une barque, mais retournée, perpendiculaire, qui était belle, jaune, on aurait dit du soleil.

Est-ce que le rêve était aussi court que ça ? Parce que souvent il y a un contexte. Tu as fait ce rêve il y a longtemps ?

Deux ou trois mois.

C'est assez récent, mais on dirait qu'il manque quelque chose dans ce rêve. Cette barque jaune, couleur du mental, très brillante et belle… Non, là je ne peux pas te dire, parce qu'on dirait qu'il manque un contexte. Ça arrive, quelquefois on n'a que des petits morceaux de rêve, parce qu'il y a des morceaux dont on ne se souvient pas, alors il y a toujours un doute.

Les animaux.

Le chat représente la sensualité et le sexe, plutôt féminin. Donc, si vous rêvez qu'un chat vous griffe ou fait le méchant, ça veut dire qu'une partie de votre sexualité et sensualité a été complètement occultée, méprisée, rejetée, et cette énergie commence à devenir méchante.

Le cheval, en général, représente l'ego, la volonté de servir — c'est l'animal de labour. C'est la volonté inconsciente de servir et d'être esclave du système. Quand c'est un pur sang, il y a en plus le côté aristocratique, donc il s'agit de servir le nom, la richesse etc. Par exemple, je jouais du piano dans le temps, j'ai régulièrement fait des rêves où je joue de la musique. Et dans le rêve, le fait de bien jouer ou mal jouer montre comment je joue ma vie. Mais si j'avais été un jockey, on me montrerait que je maîtrise le cheval ou pas. De toute manière, le cheval signifie toujours la volonté de l'ego.

L'aigle est un animal qui représente la lucidité, la clairvoyance et souvent dans la Bible la sagesse, parce que c'est un animal qui de très haut peut voir une petite souris, peut voir très loin. Donc, un rêve montre cette sagesse en nous, cette énergie de l'aigle, et il suffit de l'accepter, de savoir qu'on l'a.

Le chien, c'est souvent la possession : touche pas à mon os ! On m'a souvent montré dans le temps des rêves avec des chiens. C'étaient mes parties possessives, au niveau relationnel ou autre.

Le serpent peut symboliser la *Kundalini*, *Ida* et *Pingala*, et ces énergies sexuelles-là. Par exemple, quand il est coupé en trois, ça veut dire que les trois corps, physique, émotionnel et mental n'ont pas relié cette sexualité ; elle n'est pas reliée jusqu'en haut, elle a été coupée, séparée.

Et quand ça grouille de serpents ?

Quand ça grouille de serpents, c'est que tu as eu des vies où ça grouillait de sexe. Quand le serpent se déroule, c'est qu'on a peur de cette sexualité cosmique en nous, par ce qu'elle dégage ! On peut brûler avec ça.

Je connais une femme de 30 ans, qui n'a pas besoin de son mari pour faire l'amour — et à Maria ça lui est arrivé une fois déjà — c'est-à-dire que son homme et sa femme intérieurs font l'amour ensemble, et elle va jusqu'à l'orgasme. C'est à ça qu'on doit tous arriver, hommes et femmes.

Le singe, je ne sais pas. Je n'ai jamais rêvé de singe, mais ça peut signifier une façon de se comporter dans la vie, du style un peu farceur.

Une chute dans le vide, ça signifie aussi une chute dans le vide, c'est-à-dire que tu risques, si cela t'a été annoncé il y a quelques mois, ou même il y a 2 ans, d'aller dans un vide, autrement dit, qu'il y a des critères mentaux auxquels tu es agrippé pour gérer ta vie, qui vont d'un seul coup casser et tu vas te retrouver dans un vide.

De même quand on *plonge dans l'eau*, et qu'on sent qu'on respire l'eau, ça veut dire qu'à un moment donné, on va vivre une période difficile sur le plan émotionnel, on va devoir plonger dans l'émotionnel pour aller voir ce qui s'y passe, et ça fait parfois peur.

L'ascenseur représente les changements de plans de conscience. Les étages dans les maisons peuvent être les niveaux des chakras : premier, deuxième, troisième etc. Si vous êtes dans un ascenseur et que vous tombez jusqu'en bas, c'est comme si on vous disait : va voir ce qu'il y a dans la cave, dans ta génétique, dans le fondement.

Quand on *appelle à l'aide une personne*, c'est parce que les mémoires que l'on doit aller voir ont un rapport avec cette personne ; comme c'est cette personne que l'on a appelée à l'aide, ce sont les schémas de cette personne qui vont nous aider à les discerner et les identifier en nous-mêmes.

Question : J'ai rêvé que je déménageais et que j'avais oublié des choses dans l'ancienne maison.

Ça veut dire que tu as oublié de voir des choses en rapport avec un schéma qui était dans l'ancien miroir.

Les maisons, en général, ça signifie tout votre être. Si vous rêvez de la maison des parents, on vous montre : attention, tu vas devoir retourner dans la maison voir ce qui reste encore en toi comme vieux schémas des parents.

En général, *le grenier* signifie la partie spirituelle. Les chambres, ce sont les parties où on dort encore. Si vous y voyez votre mari faire l'amour avec un autre homme, ça veut dire que dans votre homme intérieur, il y a une partie d'homosexualité masculine en vous qui dort et que vous ne connaissez pas encore. Quand il y a un événement, ou une discussion qui se produit dans une chambre, c'est quelque chose qui est très profondément endormi en vous et que vous n'avez pas encore vu, et il est temps de prendre conscience de cette chose.

Quand vous rêvez de la *salle de bain*, c'est le lieu où l'on se nettoie, où l'on se purifie. Quelquefois, dans ces cas-là, on rêve qu'il y a 15 personnes dedans, c'est-à-dire qu'il y a plein de schémas qui se bousculent pour se nettoyer et on n'a pas l'air de bouger. Parfois la baignoire est bouchée. Il faut alors demander ce que représente le bouchon.

Les toilettes, c'est le lieu où l'on élimine l'émotionnel et les excréments, donc tout le superflu. Là, c'est pareil, elles peuvent être bouchées, ou alors on fait la queue et ça n'avance pas.

Les couloirs, ça signifie des complications mentales pour parvenir d'une pièce à une autre, c'est-à-dire d'un endroit de conscience à un autre. Quelquefois on va chercher trop loin, et on ne trouve pas. Dans ces histoires de schémas, il ne faut pas chercher. Il faut simplement poser la question et attendre la réponse

Le hall d'entrée, c'est le lieu où vous accueillez les autres. C'est le lieu où on vous voit et où vous accueillez les gens. Il peut parfois s'y passer des choses dans les rêves.

La salle à manger, c'est le lieu où on mange. Donc, de quoi est-ce que je me nourris ? Est-ce que je me nourris de pensées pures, pleines d'amour, d'émotions limpides ? Si vous voyez que dans votre assiette, il y a des choses pas très bonnes à manger, il faut chercher à savoir ce que c'est.

La cuisine, c'est le lieu où vous fabriquez vos pensées et vos émotions. C'est le lieu du fonctionnement mental réactionnel, qui fait que l'on va manger dans la salle à manger des aliments qui auront été fabriqués dans la cuisine de façon robotisée par nos réactions.

La cave, c'est les énergies du bas, l'énergie sexuelle. Vous pouvez rêver que dans la cave il y a plein d'araignées, que c'est sale etc. Par exemple, un jour une femme a rêvé qu'elle descendait dans un puits, donc dans la terre ; *ça signifie la génétique*. *L'eau, c'est l'émotionnel. L'air, c'est le mental*. Elle descendait dans une grotte, et dans cette grotte il y avait un curé en vélo. Et ce curé lui a mis un collier et des bracelets avec des codes barres. Ça veut dire qu'elle était contrôlée par les forces de l'ombre, avec ce fameux implant dont on a parlé un peu hier. Quand elle est ressortie, elle s'est retrouvée coincée, et elle a rencontré une énergie amérindienne qui l'a délivrée. Qu'est-ce que ça veut dire ? C'est que dans des vies religieuses anciennes, elle s'est fait récupérer par des manipulateurs qui n'étaient pas dans la lumière, qui ont mis un virus informatique dans son ADN, ce qui fait que depuis des vies, même si elle fait un chemin, elle est toujours maintenue par les forces d'opposition, et qu'un jour, grâce aux efforts qu'elle fait depuis de nombreuses vies, elle va réintégrer cette énergie amérindienne qui va la libérer. C'est vrai que dans sa famille elle a beaucoup de curés, séminaristes ou autres, et elle a un cousin qui travaille dans une boîte de pornographie, voyez le contraste! Mais ça va ensemble. Et si j'en parle ce soir, c'est parce que dans cette région-ci, il y a ces deux énergies: l'austérité ascétique de la religion, qui impose une pureté austère, ce qui donne naissance—comme le plus et le moins dont on a parlé—à la résurgence d'une débauche sexuelle, alimentaire ou autre.

Intervention : Dans mes rêves, il manque toujours un pan de la maison. Je peux être dans un paysage magnifique, en vacances, dans un hôtel, peu importe, mais je cherche la sécurité, j'angoisse.

Là, on te montre que dans ta maison intérieure il y a une peur d'être dans l'insécurité. Avec un rêve comme ça, je mets l'intention dans l'eau diamant d'avoir une pleine confiance où que je sois, de me sentir un être éternel, divin et qui ne craint rien.

L'implant neutre se manifeste là où les mémoires opposées se complémentarisent en un troisième élément qui les neutralise. Si l'implant neutre (3ème élément) intervenait brutalement dans vos schémas contraires pour les fusionner, vous ne le supporteriez pas. Donc, si vous demandez l'implant neutre, le mécanisme est mis en route, mais il faut voir. Ce que je sens, c'est qu'il n'y a jamais aucun système qui fera le travail à votre place. Il y a dans le ciel plein d'archanges, plein d'anges; il y a sur terre plein de maîtres, il y a des diamants, il y a l'implant neutre, il y a Kryeon... On a beau demander, on n'est plus dans le système des cachets d'aspirine spirituels, cela n'existe plus. Les suppositoires à la catholique, ça n'existe plus dans notre conscience. On ne peut pas. Il faut prendre conscience, accepter, accueillir, aimer, pour chaque chose que l'on a en soi. On est un puzzle, donc il faut essayer de voir ce qu'est chaque morceau de ce puzzle. Mais si vous avez l'intention de voir qui vous êtes, de quoi vous êtes composé, et de transformer tout ça, rien que cette intention va déjà transformer votre vie.

Quand on se réveille trop brutalement d'un rêve, l'aura n'a pas le temps de réintégrer le corps, ou peut-être les mémoires cérébrales manquent un peu de souplesse et n'arrivent pas à emmagasiner ce rêve. Il vaut mieux rester dans le rêve en se réveillant, pour le garder en mémoire, puis se lever et noter un point de repère pour ne pas l'oublier. Sinon, on se lève, on va faire pipi et c'est fini, on l'a perdu. Il faut le maintenir, mais quelquefois on se réveille nerveusement, et dans ce cas-là il saute tout de suite, çà m'arrive aussi.

Il paraît que c'est un manque de vitamine B6.

Peut-être bien que oui. C'est plus souvent dû à des conditions physiques qu'énergétiques ou spirituelles.

Quand je prends la fleur de Bach Cerato, je me souviens beaucoup mieux de mes rêves.

Voilà, donc Cerato des Fleurs de Bach. Il y a des gens qui mettent de l'eau diamant dans un grand bocal en verre, à la tête du lit, en disant qu'ainsi ils se souviennent mieux des rêves et qu'ils dorment mieux. Moi j'en ai un à la tête du lit, et c'est vrai que le cervelet se recharge mieux.

Quelqu'un me demande de parler de cet implant ou de ces implants qui auraient trafiqué notre véhicule en Atlantide.

Il semblerait qu'en Lémurie, donc il y a trois ou quatre cent mille ans, il y ait eu une école de sublimation de la sexualité, qui rendait les gens immortels. Quand la Lémurie a sombré, il y avait déjà plusieurs centaines d'immortels, qui sont venus peupler l'Atlantide, de l'autre côté du continent américain, qui ne ressemblait pas du tout à ce qu'il est maintenant, et là ils ont continué à former des initiés et à rendre de plus en plus de gens immortels, par la transcendance du sexe. À l'époque, c'était possible. Ils avaient toute une technique absolument incroyable, qu'on connaît à peine, de petits détails seulement. C'était le début du Tantrisme.

Et là, il semblerait qu'un autre peuple, venu d'une autre planète, très avancé technologiquement mais pas sur le plan de l'amour, soit venu s'installer au sud de l'Atlantide, à l'endroit des Bermudes. Et les Atlantes, que nous étions certainement, ont accepté que ce peuple vienne vivre là. Mais peu à peu, ces gens, qui étaient en fait des Martiens, ont commencé à séduire les Atlantes avec l'idée de changer l'ADN du véhicule, en leur disant que cela améliorerait la vie. On entend le même discours à l'heure actuelle sous le couvert de progrès. Certains prétendent que c'est bien de faire des recherches sur les cellules d'embryons, que ça va permettre de guérir l'Alzheimer, etc. C'est donc le même langage, mais par-derrière il se passe des choses bien plus importantes.

Et alors, ce qui s'est passé, c'est que certainement des scientifiques atlantes, avec ces gens-là, ont commencé, sous prétexte de rendre service à l'humanité, à implanter la sexualité dans le *hara*. Il y a un implant qui a été mis dans les atomes semences de l'âme, pour bloquer la sexualité féminine. Mais les Atlantes ne le savaient pas. En fait, ils ont joué les apprentis sorciers, en bloquant la sexualité féminine pour que notre sexualité reste à un stade mammifère, à un stade animal. Et elle en est toujours là maintenant.

Car si on arrive à cet androgynat et à faire monter cette énergie sexuelle, on devient inmanipulable, et on est capable de faire des choses que Jésus faisait il y a 2000 ans et que plein de maîtres au Tibet et ailleurs ont faites, comme matérialiser des choses, se téléporter etc. La matière n'a plus de résistance quand le feu cosmique l'a transformée.

Alors ils ont mis un virus et un implant, et certains d'entre nous avons collaboré à ce karma, moi entre autres, sinon je n'aurais pas fait l'eau diamant pour réparer ça. Donc, nous avons collaboré à la chute, et nous avons perdu 25 000 ans ! À vrai dire, rien n'est perdu puisque le temps n'existe pas, mais ça ferait déjà 25 000 ans que nous serions plus heureux en tout cas ! Quand on pense au temps et à l'espace, ça fait quand même pas mal. Il semblerait que cet implant ne soit pas transformable. Je vais vous raconter le rêve que j'ai fait, qui montre la présence de cet implant. Cet implant vient du 11e univers. Il semblerait qu'il y ait 12 univers, et que nous sommes dans le 12e.

Il y a 3 ans, j'ai rêvé qu'il y avait 11 pots, et que dans chacun je mettais une grosse fève ou un gros haricot. Les 10 premiers pots ont donné des orchidées, des lys, très hauts et très beaux. Du 11e pot est sorti une tête de sanglier — donc, le côté animal. J'ai pris cette tête, elle est tombée par terre et est devenue un petit diable, avec de petites cornes et une queue fourchue. Ce petit diable est venu s'implanter juste dans mon *hara*. Je lui disais : « Je t'aime, je t'envoie de l'amour et de la lumière. » Plus je disais ça, plus il se moquait de moi. Et là, j'ai compris que ce n'était pas transformable. À la fin du rêve, j'ai pointé mon doigt vers lui et j'ai dit : « Maintenant, je suis Christ, donc meurs », et il a volé en éclats comme un pare-brise de voiture.

Par conséquent, c'est quelque chose qui doit casser ; ce n'est pas transformable. Ce diable, ce n'est pas tellement l'implant de l'Atlantide dont j'ai parlé, mais l'implant de Lucifer, de ce 11e univers semble-t-il, qui a été implanté dans toutes les âmes pour que l'on puisse connaître le libre arbitre. Car, comment pourrions-nous connaître le libre arbitre s'il n'y avait pas eu des volontaires qui avaient voulu agir contre Dieu, pour que nous puissions choisir ?

Ils ont décidé d'être contre Dieu pour créer le 12e univers. Le problème, c'est que certains ne sont pas revenus vers la lumière à temps. Ils sont restés coincés. Ce sont les *gris*. Ce ne sont pas les noirs ni les blancs, ce sont les gris. Ceux-là, ils sont voués à la seconde mort, dans la géhenne. C'est eux qu'on appelle le diable. Mais la véritable opposition : le mal, c'est la main gauche de Dieu ; il n'est pas à renier ; il est à aimer et à relier au blanc pour créer la 3ᵉ force : l'être. Le gris, c'est différent. C'est quelqu'un qui a fossilisé un peu de noir et un peu de blanc, qui en a fait un robotisme et perdu complètement son individualité.

Est-ce que la race blanche va disparaître ?

Il y aura un changement. Il nous a été dit que dans l'ère nouvelle tout va se transformer, même notre dentition, parce qu'on ne va plus manger comme on mange maintenant. C'est fini les cuisines. Mon professeur de naturopathie disait : « Dieu a fait l'aliment, et le diable la cuisine. » Il fallait le vivre aussi, mais on ne mangera plus de cuit, c'est terminé. On ne peut plus manger de la mort dans un monde vivant, ce n'est plus possible.

Que faire à cet implant ?

Comme à la fin de mon rêve : tu lui donnes l'ordre de mourir ! Mais j'ai déjà essayé 50 fois, ça ne marche pas. Il faut que j'attende le moment juste, c'est-à-dire que toutes mes cellules soient Christ. J'en ai peut-être 50% mais le reste ne l'est pas encore. Et tant que je serai dans cette incapacité-là, ça ne marchera pas. Ce n'est pas évident cette histoire, parce qu'on sent ce noyau qui lutte tout le temps. C'est une vraie bataille du Graal...

DEUXIÈME PARTIE

Hommage à la femme.
Qui est d'étoile en étoile ?
Glissade accumulant les voiles
De l'oubli d'innombrables vies,
Dans le jeu des rayons émis,
Femme, Dame divine,
De palpitante et scintillante mine ;
Semence d'étoile de notre berceau,
Matrice de lumière et de héros
Qui comme Hercule vainquit le serpent
Des marécages de notre sexe rampant.
Que de mélodies enveloppent mon cœur !
Oh ! Echarpe soyeuse de dieu-bonheur !
Je suis présent dans la joie de Christ,
Des souffrances je ne suis plus triste,
Ma poitrine contient l'univers,
Le soleil de mon cœur réchauffe la mère.
Dans son sein généreux j'exulte
Et Orion vers toi me catapulte.
Harmonie de ces chères pléiades
Vers Andromède et pierre de jade,
Je chante pour toi l'émeraude
Au travers de larmes chaudes.
Je plonge dans la mer de rubis
Dans le rouge doré de mes habits,
Je suis ton prince maintenant préparé
Pour le mariage le plus élevé

Avec toi, en toi, par toi.
Femme divine de mon émoi.
Dans cette immensité de mon Père
L'Amour me prend d'un revers,
Amoureux chevaleresque de la Madone
Que l'ombre figea en Maldonne
Je pars avec l'épée de mes reins
Délivrer cette armure d'airain
Dans laquelle gémit la femme
Parée de pauvre guenilles infâmes,
Je ferai de mon sexe jaillir
La semence qui ne peut faillir,
Construisant sur la tête du dragon
Une montagne de noir charbon,
La brûlant du feu de mes entrailles
Par la puissante force qui vaille,
Aux travaux d'affinage céleste
Sur cette somptueuse perle terrestre.
La matière ne produit plus d'ombre
Sous les feux de tes lumières.
À la transparence s'efface l'ombre
En actions de grâce et de prière.
Gloire à toi femme de mon âme
Gloire à mon père-géniteur d'amour
Je m'humilie dans la noblesse
De ce que et de ce qui nous sommes !

Chapitre I

Dialogue entre Alphonse Ceptic et Jean Dorion

Alphonse Ceptic est un reporter, un homme de bonne volonté et courageux qui vient interviewer Jean Dorion à propos de sa recherche. Il ne cache pas son scepticisme mais accepte avec honnêteté de réfléchir à ce qui va suivre.

[A.C.] Bonjour M. Dorion, heureux de vous rencontrer pour ce dialogue.

[J.D.] Merci pour l'intérêt que vous portez à mes travaux, j'essaierai d'être le plus explicite possible. Asseyez-vous, je vous prie.

[A.C.] Merci, hum... par quoi allons-nous commencer ?

[J.D.] C'est à vous de me le dire, vous êtes le porte-parole de monsieur tout le monde ancré dans son fonctionnement.

[A.C.] Justement, que voulez-vous dire par : « ancré dans son fonctionnement » ?

[J.D.] Grande question pour commencer, vous êtes en forme ! Selon moi, je discerne ceux qui fonctionnent en se moulant dans les normes du système ; ceux qui se rebellent et tombent dans un fonctionnement inverse ; il existe aussi des êtres qui se dirigent vers une vie caractérisée par la manifestation de leur créativité, en ceci les artistes ont une longueur d'avance.

[A.C.] Ne sommes-nous pas contraints au fonctionnement ? Quel chaos, si personne n'acceptait d'être un rouage de la société !

[J.D.] Bien entendu, dans la matière, il y a une obéissance aux règles pour évoluer dans une certaine harmonie. Mais, il y a tout un monde entre le fait de participer consciemment avec amour au travers des fonctionnements et celui d'en être esclave. Par exemple : si vous accomplissez vos tâches quotidiennes dans un état de contrainte, vous n'êtes pas heureux et avec le temps vous serez triste, vieux, malade éventuellement. Si vous travaillez en conscientisant que vous créez, que vous exprimez la créativité de votre totalité, alors la joie, la légèreté et le sourire vous enrichissent.

[A.C.] Comment l'homme en est-il arrivé à devenir malheureux, empêtré dans les contraintes ?

[J.D.] L'homme croit qu'il n'est qu'une personnalité marchant sur la terre. Quand il est enfant, nous lui inculquons des contraintes sans lui dire que ce sont des règles nécessaires à son épanouissement. On le farcit de « savoirs » à l'école, et de jouets à la maison. Il ne reçoit pas souvent la qualité d'amour qu'il souhaiterait. Parfois, il reste des heures devant la T.V., anesthésiant le muscle de son intelligence. L'enfant ne crée pas assez, il se sent inférieur à l'adulte et entre dans un système de soumission, « parce que ce sont mes parents », ce qui peut amener la fameuse rébellion de l'adolescence, fruit d'une enfance artificialisée.

[A.C.] N'est-ce pas l'ordre normal des choses ? Cela n'a t-il pas toujours été ainsi ?

[J.D.] Oui, cela est comme ceci depuis des siècles, mise à part l'expression des activités qui diffère selon les modes et les technologies en présence. Cette programmation depuis l'enfance fut nécessaire et normale comme vous dites, mais elle devient de plus en plus étriquée depuis que la conscience augmente. On peut avancer que, depuis quelques décennies, l'éducation et l'instruction des enfants ne sont plus à la pointure de leur potentiel de vie et d'intelligence.

[A.C.] Donc, vous dites que l'homme a une vision erronée de lui-même à cause de l'éducation et de l'instruction ? Mais alors, vous dénoncez tout le système ! Je ne suis pas d'accord avec vous, car ce qui se fait me semble être de qualité.

[J.D.] Bon, je dirai que l'homme a une vision, sinon erronée, mais en tout cas incomplète de lui-même. Je constate que le système éducatif et d'instruction prend racine dans un état de conscience qui devient maintenant stérile et, il doit changer pour combler la demande des jeunes humains.

[A.C.] Je comprends de moins en moins, qu'est-ce qu'un état de conscience ?

[J.D.] Etes-vous conscient d'être assis dans ce fauteuil ?

[A.C.] Vous vous moquez de moi ?

[J.D.] Pas du tout, si vous étiez endormi, vous ne seriez pas conscient d'être assis dans le fauteuil.

[A.C.] Votre raisonnement est simpliste, si nous passions aux choses sérieuses !

[J.D.] Vous ne seriez pas conscient de la couleur de votre pull, si vous étiez aveugle, et on pourrait vous dire qu'il est bleu, rouge ou vert et vous adopteriez cela pour vrai.

[A.C.] Pas de chance, j'ai une bonne vue, comment allez-vous vous en sortir ?

[J.D.] Je suis rentré volontairement dans cette banale dialectique pour dire que la conscience est analogue à l'organe de la vision et que celle-ci peut-être nébuleuse ou développée avantageusement pour le bonheur de l'homme.

[A.C.] Alors en quoi le système actuel ne convient plus ?

[J.D.] J'aimerais étaler devant vous les slogans qui soutiennent et encadrent la plupart des comportements collectifs et individuels, si l'on considère qu'une somme d'individus fonctionnant sur un même mode constitue une masse comportementale robotique d'une conscience collective.

<u>Dans la famille</u> : « Nous sommes tes parents, tu dois faire ce que nous désirons pour toi. Nous sommes l'autorité, la sagesse et nous avons plus d'expérience. Tu dois bien travailler à l'école pour avoir un bon métier et un bon compte en banque, ainsi nous pourrons être fiers de toi ».

L'enfant reçoit donc des images de possession, et d'attachement, de soumission à l'autorité, de vénération envers ses parents. On le programme pour qu'il travaille à l'école dans un objectif intéressé et non pas dans l'appréciation immédiate d'un travail qui apporte la discipline et la structure psychique. Il est, par conséquent, poussé à la compétition, à l'avidité, à l'arrivisme etc.

<u>À l'école</u> : « Vous descendez du singe, votre mémoire nous intéresse. Vous allez apprendre des sommes incroyables de « comment ça marche » mais éliminez du vocabulaire le « pourquoi c'est comme cela ». Dans les milliards d'étoiles, il n'y a que la terre qui est habitée. Tous ce que les savants disent est vrai etc. »

<u>Dans la religion</u> : « Vous êtes nés dans le péché. Heureusement le Christ est venu sinon… Nous sommes les intermédiaires entre Dieu et vous car vous n'êtes pas capables d'intercéder par vous-mêmes. Quand vous êtes mort votre âme va au ciel avec les petits anges etc. »

<u>Dans la santé</u> : « L'homme est omnivore comme le cochon. Vous pouvez manger de tout. Car la maladie vient des microbes. Nous, comme les religieux, avons la connaissance pour vous amener à la santé. Aussi venez régulièrement à l'entretien comme pour votre automobile etc. »

[A.C.] En effet, c'est un sacré programme !

[J.D.] Mais non un programme sacré ! Voilà en gros ce qu'on inculque aux jeunes humains. Une fois adultes, ils fonctionnent sur ces bases car ils pensent qu'ils doivent réussir à se faire une place dans la société avant de devenir vieux et malades. Ainsi ils sacrifient le temps nécessaire à la connaissance d'eux-mêmes au profit d'une course chimérique. Ou bien, ils rejetteront ce système en bloc pour devenir des délinquants notoires.

Ce système de conscience a pour charpente le mot AVOIR. Donc, pour AVOIR il faut agir pour un AVENIR meilleur que le PASSÉ. Cela conduit à la REUSSITE, ou à l'ÉCHEC. L'appréciation du moment présent ne s'exprime alors que dans les dépendances et les plaisirs immédiats. Ce niveau de conscience s'appelle : « La Conscience de l'Arbre de la Mort ».

[A.C.] Pourtant, la réussite, pour moi c'est intéressant.

[J.D.] Vous l'avez dit, c'est intéressant pour combler les peurs de l'insécurité, pour éviter la honte aux regards des autres, et pomper l'amitié de l'entourage. C'est très intéressant pour votre image, c'est-à-dire, pour le mensonge protocolaire qui fait la publicité de votre personnalité.

[A.C.] Assez, Assez ! Vous êtes dur avec moi, je crois que je vais rentrer chez-moi, je commence à fatiguer. Je vous reverrai quand j'aurai digéré. Au revoir.

[J.D.] Une suggestion : enlevez la lettre « I » du mot image, il ne restera en vous que le MAGE. À bientôt j'espère.

Chapitre II

[J.D.] Bonjour, Mr. A.C, comment allez-vous ?

[A.C.] Après quelques turbulences, je vais mieux. Il y a eu un moment où je vous ai maudit et puis, après réflexion, j'ai constaté effectivement que le système actuel tend à robotiser l'être humain.

[J.D.] Bien... heureusement beaucoup d'êtres, comme vous, s'interrogent sur ce qu'ils sont réellement et commencent à trouver des réponses satisfaisantes. Le phénomène des sectes est né de cet éveil spirituel vite récupéré par des « gourous » plus ou moins bien intentionnés, parfois sincères mais dupés par leur propre ignorance.

[A.C.] Comment définissez-vous une secte ?

[J.D.] Cela vient d'un mot latin qui signifie « SUIVRE ». Les personnes qui veulent sortir du premier niveau de conscience abordé dans le premier chapitre, ne sont pas souvent capables d'avancer seuls en lisant par exemple la nombreuse littérature disponible et en s'examinant eux-mêmes dans leur for intérieur. De ce fait, elles s'acheminent vers des enseignements de groupe énoncés verbalement, devenant les satellites des soi-disant maîtres. Ces enseignements sont utiles, parfois riches et profonds. Ils peuvent devenir un piège pour ceux et celles qui restent fixés, attachés à ceux-ci et aux enseignants qui les promulguent.

[A.C.] Ainsi ils retournent dans un fonctionnement, exprimé différemment ?

[J.D.] Exactement. Ils quittent le fonctionnement collectif du premier niveau de conscience pour entrer dans le deuxième, appelé : « Conscience de la connaissance de l'arbre du bien et du mal ». Les personnes, à ce niveau, ne peuvent pas encore se défaire du robotisme programmé dans leurs différents corps, aussi ils commencent à ce niveau 2, à rejeter, parfois à détester le niveau de conscience du premier niveau.

Dans un élan mystico-émotionnel, ces êtres quittent parfois leur famille, leur emploi par exemple, motivées par un rejet radical de tout ce qui constitue le fonctionnement collectif.

[A.C.] Pourquoi l'arbre de la connaissance du bien et du mal ? Les gens du premier niveau (arbre de la mort) ne sont-ils pas conscients du bien et du mal ?

[J.D.] Oui, mais il y a une différence et elle est de taille tout en étant subtile.

Les êtres qui vivent dans le premier niveau de conscience fonctionnent selon le bien et le mal décrétés, décidé par les normes de la religion, des coutumes et de la famille. Par exemple, il y a des pratiques considérées comme mauvaises en Europe et bonnes en Afrique. Etre polygame est normal dans certains peuples alors que chez nous cela ne peut être accepté comme bon pour l'être humain. Dans l'étape suivante, l'être se défait progressivement de ces normes, parfois brutalement avec rébellion. Il perçoit progressivement ses propres critères en déterminant ce qui est bien ou mal pour lui-même et non pour satisfaire à l'image qui lui fut montrée dès son enfance. Il comprend peu à peu que son épanouissement s'effectue dans la concrétisation de ce qu'il est et non de ce qu'il possède comme savoir, comme érudition ou biens matériels. Ce passage dure plusieurs années, avec beaucoup de tâtonnements et de confusions au départ car il s'agit de tout reconsidérer à la lumière d'un regard plus lucide.

[A.C.] Dans le concret, quels sont les changements visibles dans la vie d'une telle personne ?

[J.D.] Ces personnes se dirigent éventuellement vers les médecines plus douces ou énergétiques et deviennent plus distantes envers l'allopathie. Elles manifestent progressivement de l'amour pour leur corps physique et commencent à prendre soin de celui-ci. Notamment dans le choix d'une alimentation plus végétarienne, parfois biologique.

[A.C.] Est-ce que ces choix apportent réellement des bienfaits ou est-ce une mode pour naïfs ? La médecine officielle n'est-elle pas la plus compétente ?

[J.D.] L'allopathie considère que la maladie est une fatalité et que l'homme en est victime malgré lui, qu'il faut en avoir peur et se protéger. Elle explique aussi qu'elle vient de l'extérieur par les microbes, virus etc. Ce genre de philosophie attire toutes les personnes du premier niveau de conscience qui considèrent que tous leurs problèmes viennent de l'extérieur, par hasard. L'allopathie répond donc à cette demande. Si le peuple reste dans un état de victime, il attire des sauveurs qui sont la médecine des effets, les syndicats, les partis politiques, les religions, les sectes et les dépendances affectives, sexuelles etc.. Les bourreaux à combattre sont les microbes, les bas salaires, l'alcool, la drogue, la prostitution etc. Je peux dire que, concernant les méthodes de guérison, l'allopathie occupe une place juste et nécessaire, rendant service à cette masse collective.

[A.C.] Pourquoi ceux qui abordent le deuxième niveau de conscience changent de médecine ?

[J.D.] Ils se dégagent progressivement du triangle bourreau-victime-sauveur. Ils comprennent que le corps physique n'est pas un fourre-tout mais qu'il est une œuvre d'art hautement perfectionnée et qu'il faut en prendre soin par l'hygiène alimentaire, l'hygiène psychique, l'exercice. De ce fait, ils se responsabilisent de plus en plus. Ils agissent pour améliorer leur bien-être. Pendant un temps plus ou moins long, ils visitent régulièrement des médecins et des thérapeutes d'un genre différent pour mieux comprendre le fonctionnement de leur corps. À ce stade, il faut encore des sauveurs n'est-ce pas ? Mais ceux-ci abordent normalement avec leurs patients un dialogue instructif afin de les rendre progressivement indépendants, si le mobile de leur profession est basé sur l'amour du prochain.

[A.C.] Pouvons-nous aborder maintenant la troisième étape ?

[J.D.] Vous voulez dire le troisième niveau de conscience ?

[A.C.] Oui. Celui de la connaissance de l'arbre de vie. Cela commence à m'intéresser.

[J.D.] Ok. Au fur et à mesure que la sagesse et la maturité grandissent, l'être humain commence à discerner que le mal n'est pas à chasser ni à rejeter. Progressivement, il dépose les armes et cesse de lutter contre ce qu'il estimait être mal ou injuste. De ce fait, il entre dans une période d'acceptation vis à vis de ce qui le dérange, et là, il commence un vrai travail qui le conduit vers la souveraineté de sa vie. Il ne parle plus « d'avenir », mais de « devenir », ni d' « avoir » mais d' « être », non plus de « réussite et d'échec » mais de « réalisation ». Avec le temps, il prend conscience que les situations qui le perturbent et qui bloquent son épanouissement ne sont que des projections de son subconscient qui, souvent, s'effectuent à son insu, malgré lui. À ce moment là, il commence à rapatrier vers lui-même ce qu'il voit dans son entourage et, après avoir identifié ce qui provoque la situation, il accueillera cette mémoire subconsciente qui se transformera par l'alchimie du cœur jusqu'aux mémoires contenues au niveau cellulaire. Avec joie, il verra la situation se libérer à son avantage, sans n'avoir aucunement agi à l'extérieur.

[A.C.] Attendez, j'ai du mal à comprendre, pouvez-vous donner un exemple ?

[J.D.] Avec plaisir. J'ai un couple d'amis en France qui envisageait d'acheter une maison tout à fait adéquate pour leurs activités. Le problème est qu'il était plus que nécessaire de vendre d'abord celle où ils habitaient pour avoir les fonds nécessaires à l'achat de la future maison. Différents visiteurs étaient venus, sans résultat. Un jour, un couple fut très enthousiaste pour acheter leur maison, mais la dame a refusé parce que disait-elle « je suis trop proche de mes parents ». Ce couple d'amis, déçus de cette réaction et voyant l'échéance s'approcher concernant la signature de leur futur logement, se sont interrogés sur la réaction de cette dame. «Avons-nous encore du rejet envers nos parents? N'oublions pas qu'ils ont habité le village et que nous avons expérimenté des situations parfois difficiles avec eux». Ces amis ont accepté que dans leur subconscient il y avait des attachements, des rejets et des rancunes non effacées. Dans un élan du cœur, ils ont intérieurement remercié cette éventuelle acheteuse de leur avoir montré le blocage qui empêchait la vente de leur maison. Ils ont utilisé l'eau diamant pour déprogrammer cela de leurs propres cellules et quelques jours plus tard, des visiteurs sont arrivés et ont acheté la maison.

[A.C.] Est-ce toujours aussi facile?

[J.D.] Non, car il faut l'amour du cœur, sans jugement donc sans réaction aucune pour que l'alchimie s'opère. Et parfois, entre le fait d'accepter et le fait d'accueillir, les réactions de colère et autres empêchent la transformation intérieure. Il faut attendre que ces réactions s'apaisent.

[A.C.] Donc, si j'ai bien compris, l'autre est un médium qui nous annonce plus ou moins durement ce que nous avons dans nos enregistrements cellulaires.

[J.D.] Exactement, je vois que vous êtes de moins en moins sceptique. Bravo!

[A.C.] Et concernant le quatrième niveau de conscience?

[J.D.] Je vais tenter de vous en parler, bien que je sois débutant dans ce passage. À ce stade, l'être humain ne s'identifie plus à la forme dans laquelle il est incarné, ni à l'âme incarnée elle-même. Il se trouve dans un espace de supra-conscience, doté d'un supra-mental. Il se sent tout amour dans un perpétuel état de présence sous-jacente à la forme, compte tenu que l'atome est déjà une forme. Autrement dit, pour lui la matière est un rêve, une illusion qu'il a choisi d'expérimenter afin de gravir les échelons de sa propre croissance. Il se sent réalisé et conscient de la PRÉSENCE qui envahit le vide entre les atomes, il se sent présent en tout ce qui est et se répand en toute chose. Dans cet état de conscience, il voit derrière les apparences et discerne l'extrême perfection sacrée qui régit les événements de sa vie et du monde qui l'entoure. Ce niveau s'appelle: «La connaissance de l'arbre de l'immortalité».

[A.C.] Je ne peux comprendre ce que vous dites, j'ai encore du chemin à faire pour en arriver là, mais je vais m'y atteler.

[J.D.] Saviez-vous que votre attitude sceptique du début de cette interview manifestait une mémoire incrédule dans mon subconscient?

Je vous remercie de me l'avoir montrée. Je suis heureux d'apprendre qu'elle s'est formidablement transformée.

[A.C.] Eh bien dites donc, vous n'en loupez pas une !

[J.D.] À bientôt cher ami, et bonne route vers vous-même !

TROISIÈME PARTIE

Chapitre I

Il y a, dans la génération actuelle et celles à venir une descendance royale exempte de tout karma. Ces êtres ont démontré depuis des vies l'attachement envers le Créateur des univers.

Ils ont lavé leur robe dans le sang de l'agneau, ont été persécutés pour le Nom de Dieu.

Bien qu'ils soient incarnés dans des véhicules corporels imparfaits, ils vont bientôt se révéler en tant que mes représentants sur terre.

Ne les admirez pas, ne les vénérez pas ! Car ils ne sont pas sans défaut ni esclavage, dus à cette chair qui baigne depuis longtemps dans le mensonge.

Mais respectez les messages qu'ils annoncent, les sciences qu'ils transmettent, l'amour qu'ils partagent. Aidez-les à rester debout dans l'adversité et les tentations.

La résolution finale est proche, il est maintenant nécessaire de vous armer d'amour et de confiance en votre puissance intérieure jusqu'ici anesthésiée. N'ayez pas peur de tout perdre pour devenir l'être que vous êtes déjà sans le savoir. Ne craignez pas d'aller au-delà des dépendances aux conformismes, aux traditions et aux contraintes exprimées par les systèmes familiaux et sociaux.

Vous faites partie de cette nombreuse famille générée par le Christ planétaire en tant que deuxième « Adam », car vous avez acquis les caractéristiques nécessaires en buvant son sang et en mangeant sa chair. Votre chair, votre corps physique commence à ressembler en tout point à cette conscience de haut niveau et Son Âme coule dans votre sang. Le maître Jésus en fut le premier né et l'exemple puissant de la qualité d'amour invincible qui se déverse en vous.

Parmi vous, certains prendront conscience de leur statut et du rôle qu'ils ont décidé de tenir sur la scène mondiale. Ils seront d'abord 12 puis 26, puis 54 pour arriver à 120 afin d'accompagner CELUI QUI VIENT.

Tout se faisant, ils vivront une relocalisation géographique et un réajustement de leurs compétences. Plus tard le nombre de 120 sera complété par ceux et celles des jeunes générations qui entre-temps, auront mûri.

Quand leur nombre sera révélé, ils seront amenés dans un vaisseau où réside leur soi-supérieur respectif. Ils y sont attendus pour vivre une métamorphose qui les investira d'incorruptibilité et des capacités essentielles pour permettre le sauvetage de ceux et celles dont le cœur tressaille à l'amour de tout ce qui est.

Peu à peu vous vous apercevrez qu'il n'y a qu'un seul homme en évolution sur la planète, et chaque être humain constitue une cellule de son corps matériel. Les humains non incarnés composent son corps anti matière.

Le deuxième Adam Christique est une cellule-germe de tout le plan potentiel de ce corps, contenant l'Alpha et l'Oméga ; le commencement et la fin de l'histoire humaine depuis le rêve originel du Créateur.

Comme tout rêve ou idée, l'application dans la création matérialisée nécessitait des esquisses qui s'affinaient de cycles en cycles incalculables selon votre compréhension du temps. Les résidus découlant des périodes d'affinage sont à chaque fin de cycle, recyclés dans la matière minérale. Il s'agit ici de la seconde mort ou la géhenne dont parlait le maître Jésus.

Dans le chaos qui émerge actuellement, vous constatez la folie et l'inintelligence se manifester au travers et par les grossières scories du corps de l'homme planétaire. Ne les blâmez pas ! Ils sont les cendres résiduelles de votre purification, mais, les braises non encore éteintes, sont pour l'instant ravivées afin de parfaire l'affinage en cours et de brûler la gangue des mémoires mensongères. Maintenant vous voyez donc pourquoi le diable et ses démons sont représentés dans un décor de feu appartenant â l'enfer.

Les êtres opposés à l'évolution et qui manipulent l'humanité représentent ce diable dont nous parlions et ils vous font vivre des vies parfois difficiles, comme dans le feu, afin que vos mémoires cellulaires qui leur ressemblent, soient consumées et que vous en ressortiez purifiés.

Ce diable dont parle l'*Apocalypse* chapitre 12 :12, constitue cette catégorie, cette partie du corps planétaire qui a perdu le pouvoir de voler et de quitter la terre. Ils sont animés d'une grande colère car ils voient le piège se refermer sur eux.

Je vous suggère d'être vigilant pour que les flammes de ces cendres diaboliques ne vous emportent pas dans cette actuelle activation.

Le diamant christique que vous êtes nécessite un solide ancrage dans la terre et ainsi, l'arrachage progressif de la gangue illusoire s'effectuera sans vous détruire.

Avez-vous remarqué le fonctionnement du corps humain ?

Quand vous mangez, votre système d'alchimie digestive transforme l'aliment en détruisant la forme, ensuite il distribue ce que les cellules ont besoin et rejette le superflu.

Le corps humain planétaire mange les aliments de ses pensées, paroles et actions puis rejette normalement la forme qui se recycle dans la matière énergétique.

Il est trop souvent arrivé que l'humanité confonde la forme avec l'essence qui la compose, créant ainsi une constipation de ses souvenirs agréables ou non. Ceci donne naissance à des rituels et des cérémonies répétitives vidés de leur énergie et de leur sens originel, dont se délectent ceux qui se prosternent devant les images.

Lâcher-prise aux formes veut dire : oublier les rituels de la 3ᵉ dimension ; ne pas mettre la nouvelle connaissance dans les vieux systèmes de fonctionnement, comme le nouveau vin dans les vieilles outres.

Perdez la mémoire compilative et linéaire qui comptabilise les formes événementielles du passé au futur en occultant le présent.

Fermez la porte à tout ce qui brille, à tout ce qui charme et séduit. Soyez dans la verticalité du moment hors temps qui est l'étincelle du présent. Acceptez vos imperfections et aimez-les. Conscientisez ce que le film de votre entourage vous montre de votre pellicule subconsciente. Aimez chaque image de ce contenu et laissez agir cette force de transmutation qu'est l'énergie du Christ en vous.

Surtout ne vous corrigez pas vous-même, ni personne. Laissez couler l'événement et ressentez dans le silence intérieur les effets produits dans une active acceptation et non dans une passive soumission.

Car sur quels critères corrigeriez-vous ? Tous les paramètres du bien et du mal s'effondrent et deviennent obsolètes.

Chapitre II

Qui parmi vous se tient debout ?

Discernez-vous ce qui se passe réellement derrière l'apparence des événements ?

De nombreux signes se déroulent en ce moment même à l'aube du nouveau jour.

Les différents organes du corps de l'humanité, composés d'ethnies humaines variées, expriment ce qui n'était pas encore révélé : de vieilles tumeurs et abcès karmiques se manifestent parfois violemment sous l'effet de la loi purificatrice.

La terre-mère dégorge ses lourdes mémoires au travers des groupes humains spécifiques qui participent inconsciemment à ce nettoyage en se laissant emporter dans des mouvements de guerres et de génocides.

Dans l'apparence, ceci semble atroce, mais dans la réalité il s'agit ici d'une épuration, d'une transformation énergétique des égrégores ou masses compactes de pensées et d'émotions lourdes, par le fait d'expressions dans le sang.

Paul, l'apôtre disait : « Il n'y a pas de pardon sans effusion de sang ». Voici une loi scientifique qui est à la base des sacrifices d'animaux offerts aux dieux dans l'antiquité. Ces animaux aspiraient, prenaient sur eux les formes pensées polluantes de ceux qui les offraient. Ces animaux mouraient dans des conditions sacrées et à des périodes déterminées.

Sachez que chaque pensée, parole, jugement, de sectarisme empoisonne la terre et ses corps subtils qui ne peuvent se purifier qu'en utilisant l'organe racial dont les caractéristiques le rendront propice à canaliser, à la manière d'un paratonnerre, ces déchets psychiques qui finiront par pousser fortement ce groupe particulier à les concrétiser par des actions violentes. Le niveau d'évolution de ces êtres ne leur permet pas encore de reconnaître ces énergies en eux-mêmes afin de pouvoir les transmuter par l'amour, l'humilité et la foi sans porter atteinte à leur prochain.

Ces violents abcès d'écoulement sont en quelque sorte une conséquence désintoxicatrice de cette incapacité inconsciente à reconnaître en chacun de vous, ces mémoires de jugement et de séparativité qui alimentent sans cesse le foyer de ces meurtres.

Il ne faut pas pour autant dramatiser, ni culpabiliser, mais simplement regarder en soi ce que montre l'entourage ; discerner ce que vous n'aimez pas de vous dans l'autre ; accepter et accueillir dans votre cœur cette partie jusqu'ici encore inconnue de vous ; remercier la vie et votre prochain qui vous l'a démontrée. À partir de ce moment, cette mémoire identifiée, à l'instar du fils prodigue, revient vers votre Christ intérieur avec amour. Avec le temps, cette capacité christique de transmutation se développe, vous devenez progressivement plus souverain de vous-même et des événements, votre corps physique s'élève en vibrations, influençant tout le treillis énergétique de la race humaine et favorisant ainsi l'éveil d'autrui et la diminution des guerres sanglantes.

Vous constaterez très vite que vos difficultés s'aplaniront car elles seront de moins en moins alimentées par ces mémoires en cours de transformation.

C'est là une clef essentielle de la croissance qui mène à la souveraineté de votre vie et qu'enfin, au lieu de subir les événements vous puissiez les créer selon les désirs de votre âme.

Il est absolument impossible que vous voyiez dans autrui des schémas comportementaux que vous n'ayez pas en vous-mêmes ! Autrement dit, il est impossible d'aimer ou de détester autre chose qu'une partie de soi-même exprimée par votre entourage.

L'amour et la haine, donc l'attraction et la répulsion, constituent les deux faces d'une même pièce de monnaie. L'Amour divin lui, n'est pas partial, ne s'attache pas et ne rejette rien.

C'est un Amour vertical qui se diffracte au travers de la conscience du bien et du mal dont les mémoires subconscientes sont imprégnées, pour se traduire en une dualité composée d'attachements possessifs et de rejets plus ou moins brutaux. À ce niveau, les humains sont comme envoûtés par ces énergies et sont conduits à posséder des êtres humains, des pays, de l'argent, des savoirs intellectuels etc. L'instinct de propriété est la conséquence de ceci, incitant l'homme à se protéger et à attaquer ceux qui menacent ces acquis.

Pour finir, cet homme définit son objectif de vie, espérant la réussite de son programme, dans lequel il peut échouer et vivre l'échec. C'est une vie parsemée de batailles, de souffrances et parfois de maladies.

Vous qui faites ce chemin peu ordinaire, considérez votre vie comme une expérience qui mène à la réalisation de ce que vous avez délaissé pendant très longtemps. Dans ce cas, il n'y a plus ni réussite, ni échec mais une quotidienne nourriture d'amour et d'intelligence où vous amassez des matériaux nobles pour construire votre temps présent.

Ainsi vous sortez de la conscience du bien et du mal pour franchir la barrière qui vous sépare de la conscience de l'Arbre de Vie.

Chapitre III

Vous considérez souvent une vérité de par sa forme psycho-émotionnelle ou intellectuelle qui s'emboite et complémente les besoins de l'ego.

Souvent, les vérités scientifiques ressemblent à des slogans dogmatiques sécurisants, brandis au profit de la vanité humaine.

Chaque être voit les choses différemment, chacun est unique et accepte sa vérité qui n'est jamais tout à fait celle des autres.

Alors, qu'est-ce que la vérité ?

C'est l'acceptation que chacun voit sa réalité selon son niveau de conscience, que chacun a sa vérité qui ne doit pas devenir un prétexte à la séparativité et au débat, mais un encouragement à l'échange, au dialogue tolérant, à l'enrichissement qui en découle.

Chaque être humain tient debout dans ce monde grâce à sa vérité. Agresser un être à coup de preuves s'avère être une dictature intellectuelle et une manipulation.

Le laisser expérimenter cette vérité, c'est lui permettre d'en récolter le fruit agréable ou désagréable. Ainsi, il peut en retirer son propre enseignement et croître à son rythme.

D'ailleurs, cette vérité humaine est une illusion nécessaire car elle forme le terreau dans lequel une réalité supérieure prendra racine. Cette illusion doit être pleinement vécue et intégrée pour s'éveiller à un plus grand discernement. Cela fait partie de la croissance de l'âme. Juger et corriger peuvent amener à un arrêt de croissance dommageable pour l'homme.

« Vous connaîtrez la vérité et la vérité vous rendra libre » disait le Maître. La vérité qui libère est celle qui ne vous incite pas à prendre position, mais au contraire à vous installer dans le centre du cœur qui vous habite.

Elle est une, indivisible et sans polarité. Elle s'exprime par vous au travers de vos actes conscients où l'habitude est exclue.

Dans ce cas, tout votre être reflète l'authenticité colorée d'une puissance dont le parfum est celui de la merveilleuse vulnérabilité du petit enfant.

Convaincre autrui relève d'une guerre mentale et votre vérité semble un mensonge pour la personne qui ne peut encore y voir une complémentarité.

Le mensonge est l'ombre de la vérité quand celle-ci est encore trop dense pour se laisser traverser par la lumière.

La vérité limitée attire invariablement son opposé, à savoir le mensonge. Elle est donc changeante et altérable.

Les différentes vérités religieuses et nationalistes produisent des fruits amers dans ce monde car elles séparent tout en imposant des modes de comportements.

La vérité dont je parle consiste à intégrer jusque dans vos atomes votre véritable identité, c'est à dire que vous êtes une réplique parfaite de la Divinité. La vérité libératrice naîtra en vous, quand vous accepterez le fait que tout est parfait ici et maintenant dans l'œuvre du Créateur ; quand vous cesserez de croire que vous êtes un humain dépendant des situations et que vous constaterez que vous créez intégralement tout ce que vous vivez jusque dans les détails les plus infimes.

Enfin, quand vous sentirez que votre prochain est une extension de Celui qui vit en vous-même et dont vous expérimenterez physiquement les sensations dues à Sa Présence, alors, vous vous délecterez du ressenti de votre présence en l'autre et de sa présence en vous. Vous serez UN, vous reconnaîtrez un frère ou une sœur bien-aimée derrière les masques illusoires du trompeur.

Chapitre IV

L'attente et la demande cessent lorsque l'extérieur est intégré à l'intérieur et qu'ils ne sont plus séparés.

Le sujet et l'objet fusionnent en une sensation de complétude qui fait jaillir la réponse en même temps que la question.

C'est pourquoi, quand vous aurez acquis ce nouvel état de conscience, il ne sera plus nécessaire de demander, ni canaliser des informations venant d'êtres non incarnés. Vous aurez directement accès à la complétude de votre âme divine. Les guides deviendront alors vos frères aînés et communiqueront avec vous dans une relation de partage mais non plus de guidance.

Etant donné le nombre croissant de médiums sur terre, d'ailleurs prophétisé dans la Bible (*Joël* chap. 2 : 28 à 32). Il convient de discerner le niveau de pureté du récepteur, ce qui détermine la vraisemblance du message et l'authenticité de son origine.

Maintenant, si vous intégrez le fait que la vie est en tout être, en toute matière, en tout événement bon ou mauvais, vous discernerez peu à peu une multitude de messages qui vous guideront. Vous aurez là des réponses incarnées et palpables. C'est du channeling parfait sans risque de déformation.

Dieu vous aime beaucoup trop pour ne donner des réponses qu'uniquement par des médiums. Même dans le désert vous auriez les informations nécessaires pour votre évolution.

Regardez ce qui se passe dans la nature : les poissons demandent-ils aux animaux terrestres des renseignements ? Les chiens posent-ils des questions aux oiseaux ?

Ils ont les réponses grâce à l'entourage dans lequel ils vivent et ne peuvent pas réellement communiquer avec un autre règne autrement que par d'éventuelles observations.

Quand vous demandez une information au travers d'un médium, prenez conscience qu'il peut y avoir déformation avec parfois des conséquences bloquantes pour votre croissance.

Le roi Salomon expulsa tous les médiums de la terre d'Israël il y a trois mille ans, conscient que cela interférait dans le plan prévu concernant la lignée messianique.

Si vous regardez votre prochain comme un prophète qui exprime des parties mémorisées en vous, alors vous avez une compréhension juste de ce que vous créez sans le savoir dans votre quotidien. Dès lors, vous pouvez accepter avec la tête, accueillir avec le cœur, remercier pour cette découverte et votre vie en sera enjolivée.

C'est à ce moment que tout problème devient un plat succulent, que toute difficulté devient une opportunité à l'ouverture du cœur.

Dans ce travail joyeux et léger, vous apprenez à traverser le pont qui mène de l'acceptation de ce qui survient, à l'accueil dans l'amour et la reconnaissance envers cet événement et envers ceux qui l'ont exprimé.

Ce pont est composé de diverses réactions telles que la colère, l'humiliation, chagrin etc. Toutes ces énergies de réaction contiennent une grande force émotionnelle encore piégée dans les clôtures des principes mentaux du bien et du mal. En examinant profondément ceci, vous pouvez détricoter ces concepts de jugement en vous disant simplement : C'est ainsi ! C'est un cadeau que je ne discerne pas car mes réactions émotionnelles m'aveuglent !

Après un temps plus ou moins long, vos yeux s'ouvrent et vous découvrez, émerveillés, l'importance de ce que vous conscientisez et l'impact qui en ressortira dans votre vie. Ces énergies émotionnelles se libèrent de leur prison conceptuelle et contribuent à ouvrir le cœur de l'âme.

Ce cheminement peut se faire pour chaque mémoire, si vous le désirez, pour votre plus grand bonheur.

Chapitre V

La beauté de ce que vous expérimentez reste assez souvent inaperçue à vos yeux. Votre difficulté à vous dépêtrer de la matrice illusoire du bien et du mal, vous installe dans un manège sempiternel qui vous entraîne dans l'incessant vertige des attractions et des répulsions.

Devenez l'être vertical tel le funambule ancré sur son fil, maintenant fermement en son centre le balancier du bien et du mal. Ces deux extrémités de l'axe horizontal lui assurent un centre de gravité enraciné profondément dans la terre, à la pointe du triangle imaginaire, lui prodiguant ainsi un équilibre et une stabilité dans le mouvement.

De même, le bien et le mal en chacun de vous servent de carburant pour alimenter l'équilibre dans le mouvement de l'évolution.

Le mal n'est qu'une polarité de l'univers, ce n'est que le regard envers celui-ci qui vous rend la vie difficile.

Lâchez prise à ce regard maintenant usé et voyez le mal comme un jeune et gauche courtisan amoureux, séduit par la jolie princesse du bien. Ils sont souvent séparés, divorcés à cause du mur de la moralité anti-symptomatique qui ne veut regarder et apprécier que le bien. Ceux qui, inversement, sont dans l'immoralité et même l'amoralité, ont créé le même mur en n'appréciant que le mal.

Que le jeu de pouvoir entre le bien et le mal cesse ! L'un attire toujours l'autre car ils sont amoureux et, au milieu, il y a vous, le prêtre qui célébrera leur mariage, le réconciliateur qui a perdu sa moralité et ses jugements de valeur.

Chaque action en pensée, en parole, définie comme étant positive finira par attirer son aimant de polarité négative exprimée par autrui, car cette dernière, étant prisonnière de votre subconscient cellulaire, ne peut faire le chemin nécessaire pour étreindre la partie positive que vous exprimez. Ceci parce que le plus souvent, vous ignorez son existence et parfois parce que l'intelligence du cœur et l'humilité n'ont pu influencer votre mental.

Ce nouveau regard envers ces deux polarités apporte cet ancrage, cette stature dans la plénitude du Christ comme disait Paul. Il s'agit d'un état d'être et non d'une gesticulation furtive du vouloir bien faire. Il s'agit d'une installation sur le trône de la conscience éveillé où votre corps physique se répand et s'expanse jusqu'à la sensation d'être présent en tout ce qui vit.

Par contre, si vous portez votre attention sur le bien et le mal, en préférant l'un par rapport à l'autre, observant qui remportera la victoire, vous ressemblez à la personne qui assiste à un événement sportif où deux équipes s'affrontent. Les supporters d'une équipe espèrent le résultat inverse par rapport aux supporters de l'équipe adverse.

Il y a ceux qui organisent le match, il y a les joueurs payés qui sont vos élites gouvernementales et religieuses, puis il y a tous ceux qui paient pour assister et encourager la victoire d'une des deux équipes.

Ceux qui ont créé l'événement se moquent du résultat, car ils en retirent un pouvoir toujours plus fort en nourrissant allègrement l'ego des spectateurs. Ces derniers pourraient être votre ego qui tire les ficelles, qui manipule, qui met en scène vos expressions positives pour vaincre le soi-disant «mal qui est à l'extérieur de vous». Cet ego, non encore aligné sur l'âme, se remplit les poches, il se muscle et vous vampirise parce que vous participez inconsciemment à son fantasme. Il utilise les schémas du subconscient comme les équipes qui sont sur le terrain. Les équipes de mémoires cellulaires, grassement payées en énergie et en force, grossissent et finissent par s'imposer et vous diriger dans vos comportements. Les ballotements d'un côté vers l'autre finissent par fatiguer l'intelligence et l'amour, l'homme y perd sa souveraineté.

Ce temps est terminé pour ceux qui le décident, regardez droit devant vous sans détourner votre attention vers l'une ou l'autre des extrémités du balancier.

Vous en êtes capables, vous existez pour accomplir cela.

Chapitre VI

Possédez-vous quelque chose sur cette planète ? Etes-vous désespéré quand vous perdez un être cher ou quand vous perdez un emploi ou de l'argent ?

La possession est la conséquence de la peur due à l'ignorance de qui vous êtes. C'est une illusion qui s'avère de moins en moins nécessaire en cette période de fin de cycle, et celui qui s'obstine à posséder se retrouve lui-même possédé et téléguidé par l'avidité croissante en lui-même.

La possession envers un être humain et envers des objets matériels, nous rendent dépendants d'eux et, lors de leur perte vous entrez dans les douleurs du sevrage.

De même, l'attachement à des dogmes, des scénarios familiaux, relationnels, ainsi qu'à un mode de comportement, vous confine dans un périmètre clos d'actions répétitives à la manière d'un rituel collectif.

Ceci produit une image de vous-même au regard d'autrui, lequel modifie son comportement en rapport avec votre image et non en rapport avec ce que vous êtes réellement, c'est ainsi que se tisse une matrice énergétique dans laquelle beaucoup se retrouvent piégés et contraints, afin de pouvoir agir confortablement dans la société.

L'attachement aux qualités et aux compétences exprimées est une rambarde de sécurité jusqu'à ce que vous conscientisiez et acceptiez les défauts et les inaptitudes spécifiquement contraires à chaque acte exprimé. Imaginez qu'un homme porte un lourd bagage pendu à l'épaule gauche, il ne peut marcher sans perdre l'équilibre et finalement tomber. De ce fait, il va se cramponner, sans jamais la lâcher, à une rambarde qui se trouvera sur sa droite : la rambarde des comportements, des pensées, des émotions, des relations, des savoirs intellectuels et des biens matériels.

À chaque événement, l'homme réagit pour ne pas lâcher la rambarde, mais s'il se met à faire l'inventaire du contenu qui est dans le sac, il aura de moins en moins besoin de s'accrocher à son scénario de vie.

Il arrive souvent que ce scénario de la personnalité occulte la feuille de route prévue par l'âme. Après un certain nombre d'années et selon la vitalité spirituelle de l'âme incarnée, les cellules du corps physique finissent par devenir hybrides à force de subir des fréquences psychiques antagonistes de l'âme et de la personnalité. Beaucoup de formes de cancer sont la résultante de ce qui vient d'être dit.

Observez-vous dans le détail. Voyez comment la vanité exprimée sert de rampe de sécurité à celui qui possède, sans le savoir parfois, des mémoires de sous-estime de soi et de médiocrité.

La peur et le manque d'humilité nous empêchent souvent d'accepter cette évidence.

Tant qu'il n'y a pas une reconnaissance de ces deux côtés, il ne peut y avoir un réel avancement dans la croissance proposée par l'âme.

Si, pas après pas, vous reconnaissez chaque qualité exprimée (le bien) comme étant associée à son défaut complémentaire (le mal), qui est caché dans vos mémoires cellulaires et dont vous ignoriez jusqu'ici l'existence, ces deux parties vont cesser de s'opposer et se neutraliser par l'action d'Amour de votre cœur, alimentée par votre sincère intention de les unir. Ce mariage les amènera vers un point neutre où vous ne serez plus obligés d'agir par compensation.

De ce fait, le balancier du funambule dont nous parlions dans un précédent chapitre commencera à diminuer de longueur, car vous aurez un ancrage dans la verticalité qui s'affirmera. Et, quand il ne vous restera que le noyau central de toutes ces dualités, le balancier, réduit à son minimum, sera verticalement tenu dans vos mains, tel un sceptre d'or qui prouvera votre souveraineté enfin reconquise.

À cet endroit la possession ne sera plus qu'un vague souvenir.

Chapitre VII

Pourquoi vous parlais-je de toute cette démarche intérieure ?

Actuellement, l'élévation de la fréquence du treillis énergétique de la race humaine provoque des stimulations, des amplifications brutales de ces mémoires non reconnues en chacun. Ces énergies non conscientes se mettent à gonfler et devenir plus puissantes jusqu'à parfois pousser l'individu vers des comportements destructeurs, des actes qui l'amènent progressivement à la maladie, la mort ou la prison.

C'est pourquoi, nous appelons cette période *le temps de l'Apocalypse* ou *le temps de la révélation*. Individuellement vous vous révélez, vous vous mettez nus afin d'être affinés et épurés.

Les morales religieuses et sociales qui définissent ce qui est bien ou mal, ne suffiront plus, elles ne seront plus capables de contenir dans une répression mentale anti symptomatique, les pulsions induites par les mémoires du logiciel cellulaire.

Aussi, regardez bien la paille qui est dans l'œil du prochain pour la définir, pour l'accepter et l'accueillir dans votre cœur. De ce fait, la poutre qui se trouve cachée dans les tiroirs du subconscient se transmutera. Puis, remerciez infiniment, dans l'émotion du cœur, votre prochain de vous avoir apporté cette aide concernant cette mémoire nouvellement reconnue et d'avoir, grâce à lui, une connaissance plus complète et plus approfondie de ce qui vous compose. Enfin, affirmez l'intention de transformer cet enfant-mémoire en adulte sage et mature.

En effet, l'allégement sur toute la planète s'accélérera si vous êtes seulement un petit nombre à accomplir ce joyeux travail. Vous en verrez la preuve dans les changements que vous vivrez et que vous constaterez chez vos proches.

Cela adoucira les effets du passage vers cette nouvelle terre et vous en recevrez une joie et un équilibre qui débroussaillera le chemin pour ceux qui vous regardent.

Vous êtes tellement aimés que votre décision de faire ceci attirera beaucoup d'aides visibles et invisibles.

Chapitre VIII

Genèse 1 : 6 et 7

Dieu dit : (6) Qu'il y ait une étendue entre les eaux, et qu'elle sépare les eaux d'avec les eaux. (7) Et Dieu fit l'étendue, et il sépara les eaux qui sont au-dessous de l'étendue d'avec les eaux qui sont au-dessus de l'étendue. Et cela fut ainsi. (Version Louis Segond).

Selon ce texte de la genèse, il y aurait eu des eaux amassées en un seul lieu (verset 9), et des eaux suspendues à une certaine altitude, enveloppant le globe terrestre.

Nous pourrions croire que ces eaux célestes étaient les nuages. Mais il semble que ce ne fut pas cela, car, au chapitre 2 : 5 et 6, il est écrit que la pluie n'était pas encore là, qu'une vapeur s'élevait et arrosait toute la surface du sol. Les plantes étaient donc arrosées par cette copieuse rosée. Les eaux suspendues maintenaient la terre dans un climat et une température idyllique, sans extrême, cette dernière étant chauffée comme dans un bain-marie.

Une seule race d'hommes se nourrissant de fruits crus vivait en pleine santé sur cette terre. Le ciel ne pouvait pas paraître bleu, mais devait présenter un arc-en-ciel mouvant selon la course du soleil.

Par la suite, les forces négatives émises par les humains au travers de leurs pensées et actes de non-amour, abaissèrent les fréquences de la planète. Celle-ci, à la manière d'un électron, sortit de son orbite en s'éloignant du soleil. La masse d'eau suspendue dégringola en trombes durant l'épisode du déluge de Noé.

Nous comprenons mieux le scepticisme des contemporains de Noé qui ne pouvaient croire à la possibilité de pleuvoir et à l'existence même de la pluie. Cela ne s'était j'aimais produit.

Les pôles se refroidirent brutalement, l'équateur se réchauffa fortement ; la race unique de l'homme se diffracta en quatre races de couleurs différentes. Les hommes commencèrent à manger des céréales, des viandes et la cuisson des aliments firent son apparition.

L'eau du ciel recouvrant entièrement la planète, il a fallu que des chaînes montagneuses s'élèvent, que des « Vallées-plaines » descendent pour recueillir ces eaux devenues salées, en mers et océans, afin qu'elles ne couvrent pas à nouveau la terre.

C'est ce que raconte le roi David dans le psaume 104 : 6 à 9.

Ceci explique la disproportion entre les 79% de mers et les 21% de terres émergées sur la terre.

Un jour, « la terre bougera de sa place » (*Dialogues avec l'Ange*. Gitta Mallaz. Éd. Aubier). Noé vit un Arc-en-ciel : c'était une promesse d'un retour à l'état originel, c'était le signe d'une alliance avec une humanité qui retrouvera la conscience et l'amour.

Nous voyons ici que l'eau, sensible, vivante comme toute matière authentique, agit et réagit selon la conscience et la pureté de ceux et celles qui l'utilisent.

Elle est une sorte de Christ-catalyseur entre les matières solides et les matières plus subtiles.

Chapitre IX

La Prophétie de Daniel

Une nuit d'août 1994, une voix me dit : « Regarde dans la prophétie du roi du nord et du roi du sud (celle du prophète Daniel), cela commence maintenant », 17 août 1994.

Ce jour là, des magistrats français, assassinés en Algérie par des intégristes, recevaient des honneurs posthumes à l'Elysée.

Je compris alors que le roi du sud symbolisait ceux du mouvement fondamentaliste religieux, le roi du nord représentant l'ensemble des états occidentaux dont l'Amérique est le chef de file.

Cette prophétie nous concernant démarre au verset 40 du chapitre 11 de *Daniel*. Elle raconte que les forces du roi du sud vont harceler le roi du nord. Celui-ci déferlerait alors sur le roi du sud avec sa puissante armée.

Cette prophétie a vu commencer sa réalisation au mois d'août 1994 et, sept ans plus tard, en septembre 2001, une étape plus aiguë s'enclenchait avec ces attentats aux U.S.A., suivis de la riposte contre le régime fondamentaliste en vigueur en Afghanistan.

Que verrons-nous dans sept ans, en 2008 ? Peut-être : « La chose immonde qui cause la dévastation » dont parle le chapitre 12. Ma déduction personnelle (qui n'engage que moi) est que cette chose immonde représente le gouvernement mondial qui actuellement s'active pour aboutir à un chaos tel, que les peuples réclameront à corps et à cri un gouvernement capable de ramener l'ordre et la sécurité. C'est à ce moment que ce gouvernement secret se révélera au grand jour, se présentant comme le sauveur du monde et promettant la paix mondiale.

Un autre message m'annonça ceci : « Un homme important sera assassiné. Cet événement marquera l'installation de la chose immonde qui cause la dévastation et la cessation du sacrifice perpétuel ».

La cessation du sacrifice perpétuel est la cessation de la guerre. Les guerres sont des abcès violents qui permettent, à la manière des sacrifices dans les temples antiques, de canaliser nos émotions et pensées de non-amour vers ceux qui vont les exprimer sauvagement, ce qui permet à l'aura de la planète de garder un équilibre vital pour toute l'humanité.

Ensuite la prophétie nous dit qu'il restera 1290 jours, heureux celui qui peut attendre jusqu'aux 1335 jours.

Je me suis amusé à compter ces jours, à partir d'octobre 2008 et cela nous fait parvenir au printemps 2012. À cette date, cela fera un siècle que le paquebot «Titanic» aura coulé en avril 1912. Ce naufrage de la vanité et de l'orgueil humain fut bien un message prophétique de ce qui nous attend si nous suivons comme des robots les obédiences gouvernementales et leur cortège d'intimidation encourageant les peurs de la guerre, de la famine et des épidémies. Il y aura ensuite les 45 jours décisifs où, les dés étant jetés, chacun sera dirigé soit vers la vie et l'Amour, soit vers l'esclavage et la tristesse.

Voici une autre information reçue par clairaudience pendant la nuit: «La grande tribulation (annoncée par Jésus) viendra par la Russie car le gouvernement russe voudra réprimer les changements de comportement de la masse».

Ce gouvernement secret d'origine extra-terrestre est représenté par le mot «diable» dans la Bible et notamment dans l'*Apocalypse* 12:12. On les appelle parfois les *illuminati*. Voici une information concernant cela: «les illuminati ont perdu le pouvoir de voler et de quitter la terre, ils sont animés d'une grande colère car le piège se referme sur eux».

Maintenant un message plein d'espoir concernant quelqu'un qui accompagnera le nouvel avatar: «Le Roi Henri, de France, s'est révélé le 18 juin 1998, il sera un phare pour l'humanité».

Donc la France joue un rôle primordial dans le déroulement de cette prophétie.

—Joël Ducatillon

Trouver des distributeurs d'eau diamant, ou s'y inscrire comme distributeur :
- ♥ www.steel-storm.staelhe.info

Le site de l'auteur sur ses recherche et autres outils :
- ♥ www.steel-storm-staelhe.net

Site italien, sur lequel une partie est dédiée aux recherches de l'auteur :
- ♥ www.liberamenteservo.it

Contacter l'auteur par e-mail :
- ♥ jophare12@hush.com

www.ingramcontent.com/pod-product-compliance
Lightning Source LLC
Chambersburg PA
CBHW031848090426
42741CB00005B/404